Bibleasy

MA CUISINE AU AIRFRYER

Pour que ça croustille, même sans huile !

150 RECETTES

Textes et photographies :
Élisabeth et Valéry Guedes

SOLAR

Airfryer est une marque enregistrée de la société Koninklijke Philips N.V.

Cet ouvrage a été conçu indépendamment du fabricant.

Les recettes ont été réalisées pour convenir au plus grand nombre d'appareils de type airfryer. D'une marque à l'autre, le principe de fonctionnement peut présenter de légères différences, et les temps ou températures de cuisson légèrement varier, mais l'idée reste la même.

Édito

Finis les a priori sur les plats frits, imprégnés d'huile, mauvais pour la santé, et qui laissent planer une désagréable odeur de graisse dans votre cuisine. Grâce à l'airfryer, redécouvrez le plaisir de faire vous-même des frites savoureuses, croustillantes et légères avec 1 seule cuillerée d'huile.

Mais le potentiel de cette friteuse magique est bien plus grand et ne se limite pas aux frites. Légumes frits, beignets sucrés et salés, nems, boulettes, brochettes, viandes grillées, vous pouvez tout cuisiner de l'apéritif au dessert. Les filets de poulet dorent, les pâtes à pizza gonflent, les feuilles de brick croustillent, les saveurs du monde mijotent et les douceurs sucrées prennent forme.

Sa facilité d'utilisation (programmable, sans odeur...) ainsi que les nombreuses préparations qu'elle permet de réaliser feront de votre friteuse votre alliée au quotidien ! Alors, avec moins de matières grasses à la cuisson mais toujours plus de gourmandise, régalez-vous !

Avec BIBLEASY, c'est décidément très facile de bien manger à petit prix quand on a les bonnes idées !

Sommaire

Entrées, apéros & finger food

Cigares croustillants brebis et menthe

POUR **4 PERSONNES**
PRÉPARATION : **15 MIN**
CUISSON : **10 MIN**

- **8 feuilles de brick**
- **400 g de fromage de brebis nature**
- **3 cuil. à soupe de menthe ciselée finement**
- **1 cuil. à café de farine mélangée à 1 cuil. à café d'eau**
- **Huile neutre**

1 Dans un bol, écrasez le fromage. Ajoutez la menthe et mélangez bien le tout.

2 Mettez 1 cuillerée à soupe de la préparation au centre de la moitié inférieure d'une feuille de brick. Puis pliez la feuille et roulez-la en cigare. Répétez l'opération jusqu'à épuisement des ingrédients.

3 Fermez les cigares en collant l'extrémité avec le mélange farine-eau.

4 Déposez les cigares sur la grille huilée de l'appareil et faites cuire 10 minutes à 195 ° C.

IL FAUT VRAIMENT BIEN FERMER LES CIGARES SINON LE FROMAGE RISQUE DE S'ÉCHAPPER… VOUS POUVEZ AUSSI LES COLLER AVEC DU BLANC D'ŒUF.

9

ENTRÉES, APÉROS & FINGER FOOD

Oignons frits

POUR **4 PERSONNES**
PRÉPARATION : **10 MIN**
CUISSON : **10 MIN**
REPOS : **15 MIN**

- **2 oignons jaunes**
- **10 cl de lait**
- **1 œuf**
- **50 g de farine**
- **100 g de chapelure**
- **Huile de tournesol**
- **Sel et poivre (facultatif)**

1 Pelez les oignons et coupez-les en rondelles pas trop fines. Battez l'œuf avec le lait à la fourchette. Dans une assiette mettez la farine, dans une autre la chapelure, le sel et le poivre selon votre goût.

2 Trempez chaque rondelle d'abord dans la farine puis dans le mélange œuf-lait, puis terminez par la chapelure.

3 Déposez les rondelles d'oignon sur la grille huilée de l'appareil et faites cuire 10 minutes à 190 °C. Au besoin retournez-les à mi-cuisson. Dégustez tiède.

SERVEZ AVEC UNE SAUCE AU YAOURT, MÉLANGÉ À DES HERBES FRAÎCHES ET DU CITRON.

11 ENTRÉES, APÉROS & FINGER FOOD

Calamars frits

POUR **4 PERSONNES**
PRÉPARATION : **15 MIN**
CUISSON : **8 MIN PAR FOURNÉE**

- **700 g de calamars**
- **150 g de farine**
- **2 œufs**
- **Huile de tournesol**
- **Sel et poivre**

1 Coupez les calamars en anneaux. Battez les œufs en omelette dans un bol. Versez la farine dans une assiette.

2 Salez et poivrez les calamars puis enrobez-les de farine. Trempez-les dans les œufs battus et passez-les de nouveau dans la farine.

3 Déposez la moitié des anneaux dans le panier du robot avec un peu d'huile sans qu'ils se chevauchent. Faites cuire 8 minutes à 190 °C en les retournant à mi-cuisson.

4 Répétez l'opération pour le reste des calamars.

VOUS POUVEZ FAIRE MARINER LES CALAMARS AVEC DE L'AIL HACHÉ, DU PIMENT DOUX ET DU JUS DE CITRON AVANT DE LES PANER.

Chaussons à la viande

POUR **4 PERSONNES**
PRÉPARATION : **20 MIN**
CUISSON : **20 MIN**
REPOS : **15 MIN**

- **2 rouleaux de pâte brisée**
- **300 g de viande hachée de bœuf**
- **1 oignon rouge**
- **1 poivron vert**
- **1 poivron jaune**
- **1 petit bouquet de coriandre**
- **2 cuil. à soupe de fromage à tartiner**
- **1 cuil. à café de paprika en poudre**
- **1 cuil. à café de cumin en poudre**
- **2 cuil. à soupe d'huile d'olive**
- **Sel et poivre**

Pour la dorure

- **1 jaune d'œuf**
- **1 cuil. à soupe de lait**
- **1 cuil. à café de graines de pavot**

1 Faites chauffer l'huile pendant 2 minutes dans le panier du robot, ajoutez l'oignon haché finement, la viande hachée émiettée et les poivrons coupés en petits dés et terminez par les épices. Salez et poivrez. Faites cuire 10 minutes à 180 °C.

2 Laissez refroidir dans un saladier, puis ajoutez la coriandre fraîche et le fromage frais.

3 Déroulez les pâtes puis découpez des cercles et garnissez la moitié de chaque cercle de farce. Refermez bien en soudant les bords avec la pointe d'un couteau.

4 Mélangez le jaune d'œuf et le lait et badigeonnez au pinceau chaque chausson puis parsemez de graines de pavot.

5 Déposez sur la grille de l'appareil et faites cuire 10 minutes à 200 °C.

RÉALISEZ CES CHAUSSONS AVEC DU POULET À LA PLACE DE LA VIANDE HACHÉE, C'EST AUSSI TRÈS BON !

15

ENTRÉES, APÉROS
& FINGER FOOD

Beignets de crevettes

POUR **4 PERSONNES**
PRÉPARATION : **15 MIN**
CUISSON : **10 MIN**
RÉFRIGÉRATION : **1 H**

- **12 crevettes cuites**
- **1 œuf**
- **130 g de farine + un peu pour les crevettes**
- **15 cl de lait**
- **½ sachet de levure**
- **1 cuil. à café de paprika en poudre**
- **1 cuil. à café de piment d'Espelette**
- **Huile neutre**
- **Quelques cuillerées de sauce aigre-douce**
- **Sel et poivre**

1 Décortiquez les crevettes en laissant la queue.

2 Préparez la pâte à beignets en mélangeant la farine, le lait, l'œuf battu en omelette, le paprika, le piment d'Espelette et la levure jusqu'à l'obtention d'une pâte bien lisse. Salez et poivrez. Laissez ensuite reposer la pâte à beignets au réfrigérateur pendant 1 heure.

3 Passez les crevettes dans la farine (pour que la pâte à beignets accroche mieux), puis trempez-les dans la pâte à beignets.

4 Versez un peu d'huile dans le panier du robot puis déposez-y les crevettes sans qu'elles se chevauchent. Faites cuire 10 minutes à 200 °C.

Servez avec une sauce aigre-douce. 20 cl de coulis de tomates 5 cuil. à soupe de sucre en poudre 1 verre de jus d'ananas 1 cuil. à soupe de Maïzena® 2 cuil. à soupe de sauce d'huître. Mélangez tous les ingrédients et rectifiez l'assaisonnement selon vos goûts (piment, sel et poivre).

Camembert frit

POUR **2 PERSONNES**
PRÉPARATION : **10 MIN**
CUISSON : **12 MIN**

- **1 camembert**
- **1 œuf**
- **50 g de chapelure**
- **20 g de farine**
- **1 cuil. à café d'ail en poudre**
- **1 cuil. à café de piment d'Espelette**
- **1 cuil. à café d'herbes de Provence**

1 Battez l'œuf en omelette. Mettez la chapelure avec les épices dans une assiette et la farine dans une autre.

2 Placez le camembert dans l'œuf, puis dans la farine, à nouveau dans l'œuf et enfin enrobez-le de chapelure aux épices.

3 Déposez-le dans le panier du robot tapissé de papier sulfurisé et faites cuire 6 minutes à 190 °C.

VOUS POUVEZ GARNIR LE CAMEMBERT DE NOISETTES CONCASSÉES ET DE FRUITS SECS EN L'OUVRANT EN DEUX DANS L'ÉPAISSEUR AVANT DE LE PANER.

Samossas à la viande

POUR **4 PERSONNES**
PRÉPARATION : **25 MIN**
CUISSON : **20 MIN ENVIRON**
REPOS : **15 MIN**

- **4 feuilles de brick**
- **200 g d'escalope de poulet haché**
- **1 petite carotte**
- **20 g de beurre fondu**
- **1 poivron rouge**
- **1 poivron vert**
- **1 poignée de vermicelles chinois cuits**
- **½ bouquet de coriandre fraîche**
- **1 gousse d'ail**
- **1 cuil. à café de curcuma en poudre**
- **1 cuil. à café de paprika en poudre**
- **1 cuil. à café de curry en poudre**
- **Huile d'olive**
- **Du chutney d'oignons**
- **Sel et poivre**

1 Dans une poêle légèrement huilée, faites revenir la viande, la carotte épluchée et les poivrons coupés en petits dés, l'ail haché, la coriandre ciselée, les épices, du sel et du poivre. Laissez refroidir.

2 Badigeonnez chaque feuille de brick de beurre fondu.

3 Pliez la feuille en deux, puis garnissez l'extrémité de chaque feuille de farce et repliez-la sur elle-même pour former un triangle. Répétez l'opération jusqu'à épuisement de la farce.

4 Placez les samossas sur la grille légèrement huilée de l'appareil et faites cuire 8 à 10 minutes à 200 °C. Servez éventuellement avec un chutney d'oignons.

VOUS POUVEZ CHOISIR DE REMPLACER LA VIANDE PAR DU POISSON BLANC TYPE CABILLAUD.

Beignets de légumes à l'indienne

POUR **4 PERSONNES**
PRÉPARATION : **15 MIN**
CUISSON : **10 MIN**
PAR FOURNÉE

- **1 pomme de terre**
- **½ chou-fleur**
- **1 poivron rouge**
- **1 oignon**
- **150 g de farine de pois chiches**
- **3 cuil. à soupe de farine**
- **1 cuil. à soupe de jus de citron**
- **2 cuil. à café de garam masala (mélange d'épices indiennes)**
- **2 cuil. à café de coriandre moulue**
- **1 cuil. à café de levure**
- **1 cuil. à café de piment en poudre**
- **1 cuil. à café d'ail en poudre**
- **1 cuil. à soupe d'huile de friture**

1 Faites cuire la pomme de terre dans une casserole d'eau bouillante. Râpez le chou-fleur. Coupez le poivron en petits cubes. Épluchez et émincez finement l'oignon. Épluchez et découpez la pomme de terre en petits cubes.

2 Mélangez la farine, la farine de pois chiches, le garam masala, la coriandre moulue, la levure, le piment en poudre, l'ail en poudre et le jus de citron, puis ajoutez les légumes. Versez 4 cuillerées à soupe d'eau tiède une à une pour obtenir une préparation crémeuse.

3 Mettez à chauffer l'huile dans le panier du robot pendant 2 minutes, déposez la pâte à l'aide d'une cuillère à soupe en formant des petits tas de la taille d'une noix, puis faites cuire 10 minutes à 200 °C.

4 Renouvelez l'opération jusqu'à épuisement de la pâte.

SERVEZ ENCORE CHAUD AVEC UN CHUTNEY OU UNE SAUCE ÉPICÉE.

Acras

POUR **15 ACRAS**
PRÉPARATION : **15 MIN**
CUISSON : **20 MIN ENVIRON**

- **100 g de cabillaud**
- **70 g de farine**
- **1 échalote hachée**
- **1 oignon nouveau haché avec sa tige**
- **1 gousse d'ail hachée**
- **1 branche de persil ciselée**
- **1 pincée de piment**
- **½ sachet de levure**
- **Le jus de 1 citron vert**
- **1 cuil. à soupe d'huile d'olive**

1 Faites cuire le cabillaud dans de l'eau bouillante salée pendant 8 minutes puis effilochez-le et laissez refroidir.

2 Mettez dans un saladier l'échalote, l'ail, le persil, l'oignon et le piment puis ajoutez la farine et la levure. Ajoutez le citron vert puis délayez la préparation avec 6 cl d'eau. Ajoutez le poisson refroidi.

3 Préchauffez l'appareil avec l'huile d'olive puis formez des boulettes de la taille d'une noix. Déposez-les dans le panier puis faites cuire 12 minutes à 200 °C. Répétez l'opération jusqu'à épuisement de la pâte.

SI VOUS AIMEZ LES ÉPICES FORTES VOUS POUVEZ AJOUTER DANS LA PÂTE DU PIMENT OISEAU ÉMINCÉ FINEMENT.

Bouchées croquantes poulet-fromage frais

POUR **4 PERSONNES**
PRÉPARATION : **20 MIN**
CUISSON : **12 MIN**

- **500 g d'aiguillettes de poulet**
- **100 g de fromage frais**
- **100 g d'amandes**
- **100 g de biscottes**
- **100 g de farine**
- **2 œufs**
- **1 cuil. à soupe d'huile neutre**
- **Sel et poivre**

1 Hachez les amandes, mélangez-les aux biscottes écrasées, salez et poivrez puis versez dans une assiette. Battez les œufs en omelette dans une autre assiette. Répartissez la farine dans une troisième.

2 Coupez les aiguillettes en bouchées et tartinez-les de fromage frais. Passez chaque morceau dans la farine sur toutes les faces, puis dans l'œuf et enfin dans la chapelure d'amandes.

3 Mettez l'huile dans le panier du robot, déposez-y les bouchées et faites cuire 12 minutes à 190 °C. Retournez à mi-cuisson.

POUR PLUS DE SAVEUR, FAITES MARINER LE POULET AVEC DE L'AIL, DU JUS DE CITRON ET DES ÉPICES AVANT DE LE PANER.

Frites de pommes de terre

POUR **4 PERSONNES**
PRÉPARATION : **10 MIN**
CUISSON : **25 MIN**

- **1 kg de pommes de terre**
- **1 cuil. à soupe de paprika en poudre**
- **1 cuil. à soupe de cumin en poudre**
- **1 cuil. à soupe de sésame**
- **Huile neutre**
- **Sel et poivre**

1 Lavez et pelez les pommes de terre puis coupez-les en bâtonnets de 0,5 cm d'épaisseur.

2 Lavez-les pour enlever l'amidon et séchez-les bien à l'aide d'un papier absorbant. Enrobez-les d'épices, salez et poivrez.

3 Préchauffez l'appareil à 200 °C pendant 5 minutes, puis versez l'huile dans le panier ainsi que les pommes de terre. Faites cuire 20 minutes à 200 °C.

DÉGUSTEZ TOUT DE SUITE POUR QUE LES FRITES RESTENT CROQUANTES ET NE DÉPASSEZ PAS LE NIVEAU MAXIMUM POUR UNE CUISSON OPTIMALE.

Noix rôties aux épices et vinaigre balsamique

POUR **4 PERSONNES**
PRÉPARATION : **5 MIN**
CUISSON : **15 MIN**
REPOS : **15 À 30 MIN**

- **100 g de noix de cajou**
- **100 g de noix de pécan**
- **100 g de noix du Brésil**
- **100 g de noix de macadamia**
- **3 branches de thym**
- **3 cuil. à soupe de vinaigre balsamique**
- **1 cuil. à soupe de miel**
- **1 pincée de fleur de sel**

1 Déposez toutes les noix dans le panier du robot, arrosez de vinaigre et de miel.

2 Faites cuire 15 minutes à 180 °C avec le thym.

3 Versez dans un saladier, parsemez de fleur de sel et dégustez froid ou encore tiède parsemé de fleur de sel.

SURVEILLEZ BIEN LA CUISSON, CAR AVEC LE MIEL LE MÉLANGE CARAMÉLISE RAPIDEMENT.

Quasi pancake mozza

POUR **4 PERSONNES**
PRÉPARATION : **15 MIN**
CUISSON : **5 MIN**
PAR PANCAKE
REPOS : **30 MIN**

- **1 boule de mozzarella**
- **150 g de farine**
- **20 g de Maïzena®**
- **20 cl de lait**
- **1 œuf**
- **1 cuil. à café de levure**
- **1 cuil. à soupe d'origan**
- **1 cuil. à soupe d'huile neutre**
- **1 cuil. à café de sel**

1 Mélangez la farine avec le sel, la Maïzena®, la levure et l'origan. Séparez le blanc du jaune. Fouettez le jaune d'œuf avec le lait et l'huile.

2 Montez le blanc en neige ferme et incorporez-le délicatement à la préparation. Laissez reposer 30 minutes.

3 Découpez la mozzarella en tranches.

4 Versez 1 cuillerée à soupe de pâte dans le panier de l'appareil tapissé de papier sulfurisé et faites cuire 1 minute à 180 °C, puis déposez la tranche de mozzarella et recouvrez de pâte. Poursuivez la cuisson 4 minutes à 180 °C.

5 Répétez l'opération jusqu'à épuisement de la pâte.

Réalisez aussi des pancakes avec du fromage frais et des épices à la place de la mozzarella.

Bâtonnets de polenta

POUR **4 PERSONNES**
PRÉPARATION : **10 MIN**
CUISSON : **15 MIN**
REPOS : **1 H**

- **130 g de polenta**
- **70 g de parmesan râpé**
- **Huile d'olive**
- **1 cuil. à café de curcuma en poudre**
- **1 poignée de gros sel**
- **Sel et poivre**

1 Versez 50 cl d'eau dans une casserole avec le gros sel et portez à ébullition. Versez la polenta en pluie et fouettez jusqu'à épaississement pendant 3 minutes. Ajoutez le parmesan râpé et le curcuma. Étalez la polenta dans un plat rectangulaire sur 1 ou 2 cm de hauteur en lissant bien la surface avec une spatule. Laissez prendre 1 heure avant de démouler.

2 Coupez la polenta en bâtonnets et badigeonnez-les d'huile d'olive sur toutes les faces à l'aide d'un pinceau.

3 Déposez les bâtonnets de polenta dans le panier légèrement huilé du robot et faites cuire 12 minutes à 180 °C en retournant à mi-cuisson. Salez et poivrez.

RÉALISEZ UNE SAUCE AU CONCOMBRE ET AU YAOURT AVEC UN PEU D'AIL EN POUDRE POUR ACCOMPAGNER LES BÂTONNETS DE POLENTA.

Tempuras

POUR **4 PERSONNES**
PRÉPARATION : **15 MIN**
CUISSON : **8 MIN**

- **1 aubergine**
- **1 courgette**
- **1 jaune d'œuf**
- **100 g de farine + 3 cuil. à soupe**
- **15 cl d'eau glacée**
- **Huile neutre**
- **Sel et poivre**

1 Lavez les légumes et coupez-les en bâtonnets. Séchez-les soigneusement avec un torchon puis disposez-les dans une assiette et saupoudrez-les de 3 cuillerées à soupe de farine.

2 Mélangez le jaune d'œuf avec la farine restante puis délayez avec l'eau glacée. Salez et poivrez.

3 Préchauffez l'appareil à 190 °C avec l'huile.

4 Trempez ensuite chaque légume dans la pâte puis déposez-les dans le panier du robot. Faites cuire 8 minutes à 190 °C.

DÉGUSTEZ AVEC UNE SAUCE AUX TOMATES CONCASSÉES, AIL ET CORIANDRE.

Épis de maïs

POUR **2 PERSONNES**
PRÉPARATION : **5 MIN**
CUISSON : **20 MIN**

- **2 épis de maïs**
- **1 cuil. à café de paprika en poudre**
- **1 cuil. à café de curry en poudre**
- **1 cuil. à soupe d'huile de noisette**
- **1 poignée de noisettes concassées**
- **Sel et poivre**

1 Faites cuire les épis pendant 10 minutes dans l'eau bouillante.

2 Coupez les épis en tronçons puis saupoudrez-les d'épices, de sel et de poivre.

3 Déposez les tronçons badigeonnés d'huile dans le panier du robot et faites cuire 10 minutes à 200 °C.

4 Dégustez chaud, parsemé de noisettes concassées.

POUR LES PLUS GOURMANDS, AU MOMENT DE DÉGUSTER AJOUTEZ SUR LES ÉPIS UN PEU DE BEURRE DEMI-SEL FONDU.

Frites de courgettes

POUR **4 PERSONNES**
PRÉPARATION : **15 MIN**
CUISSON : **10 MIN**
PAR FOURNÉE

- **4 courgettes**
- **2 œufs**
- **60 g de chapelure**
- **1 cuil. à soupe de farine**
- **1 cuil. à soupe de parmesan râpé**
- **1 cuil. à soupe de persil frais ciselé**
- **Huile neutre**
- **Sel et poivre**

1 Lavez les courgettes et découpez-les en bâtonnets.

2 Préparez 3 assiettes : une avec les œufs battus, une avec la farine salée et poivrée, une avec la chapelure, le parmesan et le persil frais ciselé.

3 Trempez successivement les bâtonnets de courgette dans les trois assiettes.

4 Préchauffez l'appareil à 200 °C avec l'huile.

5 Déposez la moitié des bâtonnets de courgette panés dans le panier du robot et faites cuire 10 minutes à 200 °C. Répétez l'opération avec les bâtonnets restants.

SERVEZ AVEC UNE SAUCE AU FROMAGE BLANC AUX HERBES FRAÎCHES (CIBOULETTE ET CITRON).

Boulettes de fromage et jambon

POUR **4 PERSONNES**
PRÉPARATION : **15 MIN**
CUISSON : **10 MIN**

- **100 g de mozzarella râpée**
- **100 g de cheddar râpé**
- **4 tranches de jambon de pays**
- **1 œuf**
- **50 g de chapelure**
- **1 cuil. à soupe d'huile neutre**
- **Sel et poivre**

1 Dans un saladier, mettez la mozzarella râpée, le cheddar, l'œuf, du sel, du poivre et la chapelure. Travaillez la pâte avec les mains afin d'obtenir une boule.

2 Coupez les tranches de jambon en deux puis roulez-les.

3 Divisez la pâte en huit, creusez le centre de chaque pâton puis ajoutez le jambon et refermez la boule de pâte.

4 Préchauffez l'appareil à 190 °C avec l'huile.

5 Déposez dans le fond du panier les boulettes de fromage et faites cuire 10 minutes à 190 °C.

POUR PLUS DE CROQUANT UTILISEZ DE LA CHAPELURE JAPONAISE DITE « PANKO ».

Samossas veggies

POUR **4 PERSONNES**
PRÉPARATION : **25 MIN**
CUISSON : **25 MIN ENVIRON**
REPOS : **30 MIN**

- **4 feuilles de brick**
- **1 petite carotte**
- **1 poivron rouge**
- **1 poivron vert**
- **1 courgette**
- **1 gousse d'ail**
- **20 g de beurre fondu**
- **½ bouquet de coriandre fraîche**
- **1 cuil. à café de curcuma en poudre**
- **1 cuil. à café de paprika en poudre**
- **1 cuil. à café de curry en poudre**
- **2 cuil. à soupe d'huile d'olive**
- **Sel et poivre**

1 Dans le panier du robot, faites revenir avec 1 cuillerée d'huile d'olive la courgette, la carotte épluchée et les poivrons coupés en petits dés, l'ail haché, la coriandre ciselée et les épices 15 minutes à 180 °C puis laissez refroidir.

2 Badigeonnez chaque feuille de brick de beurre fondu puis pliez-la en deux.

3 Garnissez l'extrémité de chaque lamelle de farce et repliez la feuille sur elle-même pour former un triangle. Répétez l'opération jusqu'à épuisement de la farce.

4 Placez les samossas sur la grille huilée de l'appareil et faites cuire 8 à 10 minutes à 200 °C.

SERVEZ LES SAMOSSAS EN ENTRÉE ACCOMPAGNÉS D'UNE SALADE DE TOMATES AVEC DES OIGNONS NOUVEAUX ÉMINCÉS FINEMENT ET DE LA CORIANDRE FRAÎCHE.

Avocats frits aux épices

POUR **4 PERSONNES**
PRÉPARATION : **10 MIN**
CUISSON : **10 MIN**

- **2 avocats fermes**
- **Les zestes de 1 citron vert**
- **1 œuf**
- **60 g de chapelure**
- **1 cuil. à café de paprika en poudre**
- **Huile de noisette**
- **Sel et poivre**

1 Prélevez délicatement la chair des avocats puis coupez-la en grosses tranches. Battez l'œuf en omelette et trempez-y l'avocat. Salez, poivrez et saupoudrez de paprika.

2 Mélangez les zestes de citron vert à la chapelure. Passez ensuite les tranches d'avocat dans la chapelure.

3 Déposez les tranches d'avocat dans le panier légèrement huilé du robot et faites cuire 10 minutes à 190 °C.

DÉGUSTEZ AVEC UNE SAUCE AU FROMAGE BLANC, PAPRIKA ET CIBOULETTE.

Chèvre croustillant

POUR **4 PERSONNES**
PRÉPARATION : **10 MIN**
CUISSON : **10 MIN**

- **4 feuilles de brick**
- **20 g de beurre fondu**
- **100 g de chèvre frais**
- **30 g de noix concassées**
- **2 cuil. à soupe de miel**
- **Huile neutre**
- **Quelques tiges de ciboulette**

1 Dans un saladier, mélangez le chèvre avec les noix concassées et le miel, puis ajoutez la ciboulette ciselée.

2 Badigeonnez de beurre fondu à l'aide d'un pinceau chaque feuille de brick. Garnissez de farce au chèvre le centre de la feuille, rabattez chaque côté, puis le bas et enfin roulez.

3 Déposez les bricks sur la grille légèrement huilée de l'appareil et faites cuire 10 minutes à 200 °C.

VOUS POUVEZ RÉALISER CETTE RECETTE EN REMPLAÇANT LE CHÈVRE PAR DU FROMAGE DE BREBIS, C'EST PLUS DOUX MAIS DÉLICIEUX.

Roulés bacon-cheese

POUR **4 PERSONNES**
PRÉPARATION : **10 MIN**
CUISSON : **10 MIN**

- **8 tranches longues de bacon ou de lard**
- **100 g d'emmental**
- **1 cuil. à soupe d'herbes de Provence**

1. Découpez l'emmental en 8 bâtonnets.

2. Enroulez-les dans les tranches de bacon et saupoudrez d'herbes de Provence.

3. Placez les bâtonnets dans le panier du robot et faites cuire 10 minutes à 190 °C.

VEILLEZ À BIEN ENROBER L'EMMENTAL AVEC LE LARD POUR ÉVITER QUE TOUT LE FROMAGE NE S'ENFUIE AU FOND DU PANIER. VOUS POUVEZ TRANSFORMER LES BOUCHÉES EN BROCHETTES EN LES PIQUANT AVEC DES PIQUES AVANT DE LES METTRE DANS LE PANIER.

Nems au porc

POUR **4 PERSONNES**
PRÉPARATION : **20 MIN**
CUISSON : **24 MIN**

- **12 galettes de riz**
- **350 g de filet mignon de porc haché**
- **200 g de vermicelles de riz**
- **1 carotte**
- **1 oignon**
- **1 gousse d'ail**
- **50 g de germes de soja**
- **4 à 5 champignons noirs séchés**
- **1 œuf**
- **2 cuil. à soupe de sauce nuoc-mâm**
- **Huile neutre**
- **Poivre**

1 Faites tremper les champignons dans de l'eau tiède pour les réhydrater. Portez à ébullition une casserole d'eau et plongez-y les vermicelles de riz. Laissez cuire 4 minutes puis rincez. Égouttez les champignons noirs et hachez-les.

2 Épluchez et râpez la carotte, pelez et ciselez l'oignon et la gousse d'ail.

3 Dans un saladier, mettez le porc haché, la carotte, l'ail et l'oignon puis ajoutez les germes de soja, les vermicelles refroidis, l'œuf et les champignons noirs. Ajoutez la sauce nuoc-mâm et poivrez.

4 Faites tremper une galette de riz dans un récipient d'eau froide quelques secondes et posez-la sur un torchon propre légèrement humide. Déposez 1 cuillerée à soupe de farce sur un bord et commencez à fermer le nem en rabattant chaque côté de la galette sur la farce, puis roulez en serrant. Répétez l'opération avec les autres galettes.

5 Disposez les nems sur la grille légèrement huilée de l'appareil et faites cuire 20 minutes à 190 °C, en les retournant 2 ou 3 fois pendant la cuisson.

REMPLACEZ LE FILET MIGNON PAR DES FILETS DE POULET POUR VARIER LES SAVEURS.

Empanadas

POUR **4 PERSONNES**
PRÉPARATION : **30 MIN**
CUISSON : **16 MIN**

Pour la pâte

- **180 g de farine**
- **60 g de beurre**
- **1 jaune d'œuf**
- **12,5 cl de lait tiède**
- **1 pincée de sel**

Pour la farce

- **250 g de bœuf haché**
- **40 g de raisins secs**
- **2 oignons blancs coupés finement**
- **1 oignon nouveau finement haché**
- **1 œuf dur coupé en rondelles**
- **1 œuf battu pour la dorure**
- **1 cuil. à soupe de paprika fumé en poudre**
- **1 cuil. à café de poudre de piment**
- **1 cuil. à soupe d'origan**
- **½ cuil. à soupe de cumin moulu**
- **Huile d'olive**
- **Sel et poivre**

1 Dans le bol d'un robot, mettez la farine et le sel puis ajoutez le beurre et pétrissez. Ajoutez ensuite le jaune d'œuf et le lait tiède petit à petit en continuant à pétrir. Lorsque la pâte se décolle des parois, arrêtez et formez des boules de la taille d'une grosse noix. Étalez-les en cercle puis laissez reposer le temps de préparer la farce.

2 Mettez 1 cuillerée d'huile dans le panier du robot puis ajoutez les oignons émincés, la viande, les raisins et les épices. Faites cuire 8 minutes à 160 °C. Ajoutez ensuite l'œuf dur coupé en rondelles.

3 Garnissez la moitié de chaque disque de farce puis refermez l'empanada en soudant les bords. Dorez au jaune d'œuf.

4 Disposez les empanadas sur la grille légèrement huilée de l'appareil et faites cuire 8 minutes à 180 °C.

SERVEZ AVEC UNE SAUCE RELEVÉE AUX HERBES FRAÎCHES ET PIMENT.

Croquettes de poisson

POUR **4 PERSONNES**
PRÉPARATION : **15 MIN**
CUISSON : **10 MIN**
RÉFRIGÉRATION : **2 H**

- **500 g de filets de cabillaud**
- **250 g de pommes de terre cuites**
- **1 œuf**
- **Le jus de 1 citron vert**
- **2 branches de coriandre**
- **1 cm de gingembre frais râpé**
- **4 cuil. à soupe de farine**
- **1 cuil. à soupe de poudre de noix de coco**
- **Huile neutre**
- **Sel**

1 Coupez les filets de poisson en morceaux et mettez-les dans le bol du mixeur avec les pommes de terre, l'œuf, la coriandre, le gingembre râpé, le jus de citron vert et du sel. Mixez puis incorporez la farine. Laissez reposer cette pâte pendant 2 heures au frais.

2 Façonnez des boulettes de la taille d'une grosse noix.

3 Préchauffez l'appareil à 190 °C avec l'huile.

4 Déposez dans le fond du panier les boulettes et faites cuire 10 minutes à 190 °C.

5 Saupoudrez de noix de coco et servez.

Servez avec une sauce au sésame. 70 g de poudre de noix de coco 20 g de sésame 10 cl de lait de coco 1 cm de gingembre frais râpé. Portez à ébullition le lait de coco et ajoutez la poudre de coco, le sésame et le gingembre râpé.

Chips de pommes de terre

POUR **6 PERSONNES**
PRÉPARATION : **15 MIN**
CUISSON : **15 MIN**
PAR FOURNÉE

- **1 kg de pommes de terre**
- **2 cuil. à soupe d'huile de tournesol**
- **1 cuil. à soupe de paprika en poudre**
- **1 cuil. à soupe de fines herbes sèches**
- **Fleur de sel et poivre du moulin**

1 Pelez les pommes de terre et coupez-les finement à la mandoline. Rincez-les et séchez-les soigneusement à l'aide d'un torchon propre.

2 Mettez les pommes de terre dans un saladier, ajoutez l'huile et mélangez bien. Enrobez-les ensuite de sel, de poivre, de fines herbes et de paprika.

3 En deux fois, versez les lamelles dans le panier du robot puis faites cuire 15 minutes à 180 °C.

AJOUTEZ 1 CUILLERÉE À SOUPE DE VINAIGRE DE CIDRE POUR DES CHIPS PLUS ACIDES.

Beignets de mozzarella

POUR **4 PERSONNES**
PRÉPARATION : **10 MIN**
CUISSON : **8 MIN**

- **400 g de mozzarella à cuisiner**
- **2 œufs**
- **50 g de farine**
- **80 g de chapelure**
- **1 cuil. à café d'ail en poudre**
- **1 cuil. à soupe d'origan séché**
- **1 cuil. à soupe d'huile neutre**
- **Sel et poivre**

1 Coupez la mozzarella en gros cubes.

2 Préparez 3 assiettes : une avec la farine salée et poivrée, une avec les œufs battus, une avec la chapelure, l'ail en poudre et l'origan.

3 Trempez successivement chaque cube de mozzarella dans les trois assiettes : farine, œuf puis chapelure.

4 Déposez les cubes de mozzarella panés dans le panier du robot avec l'huile et faites cuire 8 minutes à 200 °C.

5 Dégustez chaud avec une salade de mâche aux tomates séchées.

Potatoes sauce aux herbes

POUR **4 PERSONNES**
PRÉPARATION : **10 MIN**
CUISSON : **22 MIN**

- **800 g de pommes de terre à frites**
- **1 cuil. à soupe d'herbes de Provence**
- **1 cuil. à soupe de farine**
- **1 cuil. à café de paprika en poudre**
- **2 cuil. à soupe d'huile neutre**
- **Sel et poivre du moulin**

Pour la sauce

- **2 cuil. à soupe de yaourt à la grecque**
- **1 cuil. à soupe de crème fraîche**
- **1 cuil. à soupe de moutarde douce**
- **2 échalotes ciselées finement**
- **De la ciboulette ciselée**
- **Sel et poivre**

1 Préparez la sauce en mélangeant tous les ingrédients et réservez au frais.

2 Pelez les pommes de terre et coupez-les en huit dans la hauteur pour former des quartiers. Mettez-les dans une boîte hermétique puis ajoutez les herbes, le paprika et la farine. Fermez la boîte et secouez énergiquement pour que tous les quartiers soient bien enrobés.

3 Mettez l'huile dans le panier de l'appareil puis ajoutez les pommes de terre. Faites cuire 22 minutes à 180 °C. Salez et poivrez en fin de cuisson.

4 Servez les potatoes avec la sauce blanche aux herbes.

VOUS POUVEZ AUSSI DONNER UN GOÛT DIFFÉRENT À VOS POTATOES EN CHANGEANT LES ÉPICES, PAR EXEMPLE DU CURRY ET DU GINGEMBRE À LA PLACE DU PAPRIKA.

Brochettes bœuf et fromage

POUR **4 PERSONNES**
PRÉPARATION : **10 MIN**
CUISSON : **8 MIN**
MARINADE : **30 MIN**

- **250 g de carpaccio de bœuf**
- **250 g d'emmental**
- **3 cuil. à soupe de sauce yakitori**
- **1 cuil. à soupe d'huile neutre**

1 Coupez le fromage en rectangles de 5 cm environ.

2 Entourez intégralement le fromage de carpaccio. Faites glisser doucement le fromage enveloppé de carpaccio le long de piques à brochette.

3 Badigeonnez les brochettes de sauce yakitori et laissez mariner 30 minutes.

4 Mettez la cuillerée d'huile dans le panier du robot, puis déposez les brochettes et faites cuire 8 minutes à 180 °C. Retournez à mi-cuisson.

SERVEZ AVEC UN BOL DE RIZ BLANC. FAITES ATTENTION À ENROBER ENTIÈREMENT LE FROMAGE POUR ÉVITER QU'IL NE SE SAUVE !

Beignets de poireaux corses (fritelli di porri)

POUR **4 PERSONNES**
PRÉPARATION : **15 MIN**
CUISSON : **10 MIN PAR FOURNÉE**

- **2 poireaux**
- **2 œufs**
- **6 cuil. à soupe de farine**
- **½ sachet de levure**
- **15 cl de lait**
- **3 cuil. à soupe de parmesan râpé + quelques copeaux pour servir**
- **2 cuil. à soupe d'huile neutre**
- **Sel et poivre**

1 Enlevez les premières feuilles des poireaux puis coupez-les en deux pour bien les laver. Émincez-les finement.

2 Dans un saladier, battez les œufs, ajoutez la farine et la levure, puis versez le lait et le parmesan, salez et poivrez. Incorporez les poireaux.

3 Déposez dans le panier du robot 1 cuillerée à soupe de préparation par beignet. Faites cuire 10 minutes à 190 °C. Répétez l'opération jusqu'à épuisement de la pâte.

VOUS POUVEZ REMPLACER LA FARINE DE BLÉ PAR DE LA FARINE DE CHÂTAIGNE.

Roulés à la tomate et au parmesan

POUR **4 PERSONNES**
PRÉPARATION : **10 MIN**
CUISSON : **20 MIN**
RÉFRIGÉRATION : **10 MIN**

- **1 pâte feuilletée**
- **100 g de pesto de tomates**
- **80 g de parmesan râpé**
- **1 cuil. à soupe de pignons de pin**
- **Huile d'olive**

1 Étalez sur la pâte feuilletée le pesto de tomates puis le parmesan et les pignons et roulez la pâte sur elle-même, bien serrée.

2 Mettez au frais pour 10 minutes pour faciliter la découpe.

3 Découpez des rondelles de 1,5 cm d'épaisseur.

4 Mettez la cuillerée d'huile dans le panier du robot, puis déposez les roulés et faites cuire 20 minutes à 180 °C. Dégustez chaud.

VARIEZ LES PARFUMS ET LES COULEURS EN UTILISANT DU PESTO VERT.

Chips de légumes

POUR **6 PERSONNES**
PRÉPARATION : **15 MIN**
CUISSON : **20 MIN PAR FOURNÉE**

- **1 kg de légumes anciens (panais, rutabaga, betterave, carotte)**
- **1 cuil. à soupe de curry doux**
- **1 cuil. à soupe de fines herbes sèches**
- **1 cuil. à soupe de vinaigre**
- **2 cuil. à soupe d'huile de tournesol**
- **Fleur de sel et poivre du moulin**

1 Pelez les légumes et coupez-les finement à la mandoline. Rincez-les et séchez-les soigneusement à l'aide d'un torchon propre ou d'un papier absorbant.

2 Mettez les lamelles de légume dans un saladier, ajoutez l'huile et le vinaigre et mélangez bien. Enrobez-les ensuite de sel, de poivre, de fines herbes et de curry.

3 En deux fois, versez les lamelles dans le panier du robot puis faites cuire 20 minutes à 180 °C.

POUR CONSERVER QUELQUES JOURS LES CHIPS, UNE FOIS REFROIDIES, METTEZ-LES DANS UNE BOÎTE HERMÉTIQUE.

Tempuras de crevettes

POUR **4 PERSONNES**
PRÉPARATION : **10 MIN**
CUISSON : **5 MIN**

- **16 crevettes crues**
- **15 cl d'eau glacée**
- **1 jaune d'œuf**
- **100 g de farine + 1 cuil. à soupe**
- **1 cuil. à café de piment d'Espelette**
- **Huile neutre**
- **Sel et poivre**

1 Épluchez les crevettes en laissant la queue. Avec un couteau faites une petite entaille verticale au centre pour que les crevettes restent droites et ne se recroquevillent pas à la cuisson.

2 Préparez la pâte à tempura. Dans un saladier, battez le jaune d'œuf, ajoutez 100 g de farine et le piment d'Espelette puis versez petit à petit l'eau, salez et poivrez.

3 Enrobez les crevettes de la cuillerée à soupe de farine, puis trempez-les dans la pâte à tempura.

4 Déposez les crevettes dans le panier légèrement huilé du robot et faites cuire 10 minutes à 190 °C, en retournant les crevettes à mi-cuisson.

Dégustez avec une sauce aigre-douce. Mettez 180 g de sucre blanc en poudre, 140 g de ketchup, 6 cl de vinaigre blanc, 5 cl de sauce soja salée et 2 cuillerées à soupe de Maïzena® dans une casserole avec 12 cl d'eau et portez à ébullition. Laissez épaissir pendant 5 minutes à feu doux puis laissez refroidir avant de déguster.

Croustillants de chèvre citron et sirop d'érable

POUR **4 PERSONNES**
PRÉPARATION : **15 MIN**
CUISSON : **12 MIN**

- **4 feuilles de brick**
- **200 g de chèvre frais**
- **1 citron vert**
- **½ bouquet de ciboulette**
- **30 g de pignons de pin**
- **20 g de beurre fondu**
- **2 cuil. à soupe de sirop d'érable**
- **Huile neutre**

1 Dans une poêle, faites griller pendant 2 minutes les pignons de pin.

2 Dans un petit bol, mélangez le chèvre avec les pignons, la ciboulette ciselée, le jus de citron et le sirop d'érable.

3 Beurrez au pinceau chaque feuille de brick. À une extrémité, déposez 1 cuillerée de préparation au chèvre, puis repliez la feuille de brick pour emprisonner la farce et formez un triangle.

4 Déposez les bricks sur la grille légèrement huilée de l'appareil et faites cuire 10 minutes à 200 °C. Zestez chaque croustillant de citron vert.

Si vous n'avez pas de sirop d'érable, vous pouvez le remplacer par du sirop de coco ou d'agave.

Cornets feuilletés au chorizo

POUR **4 PERSONNES**
PRÉPARATION : **15 MIN**
CUISSON : **15 MIN**
REPOS : **5 MIN**

- **1 rouleau de pâte feuilletée**
- **70 g de chorizo**
- **1 œuf**
- **1 poignée de comté râpé**
- **2 cuil. à soupe de crème épaisse**
- **1 cuil. à soupe de farine**
- **1 noix de beurre**

1 Coupez des bandes de pâte de 1,5 cm environ et formez les cornets en les enroulant sur des cornets en inox.

2 Déposez dans le panier du robot et faites cuire 10 minutes à 180 °C.

3 Pendant ce temps, mixez le chorizo avec la crème et l'œuf.

4 Dans une casserole, faites fondre le beurre, ajoutez la farine puis la préparation au chorizo. Mélangez bien. Laissez refroidir quelques minutes.

5 Ajoutez le comté râpé. Remplissez une poche à douille de cette préparation et garnissez les cornets.

6 Remettez-les 5 minutes dans le panier du robot à 190 °C avant de déguster.

Servez ces cornets en entrée avec une salade de jeunes pousses et quelques lamelles de poivrons grillés.

Briouates au poulet

POUR **4 PERSONNES**
(12 BRIOUATES)
PRÉPARATION : **30 MIN**
CUISSON : **10 MIN**

- **12 feuilles de brick**
- **100 g de filet de poulet**
- **100 g de fromage de chèvre frais**
- **1 œuf**
- **1 branche de thym**
- **1 cuil. à soupe de miel**
- **Huile neutre**
- **20 g de beurre fondu**
- **Sel et poivre du moulin**

1 Hachez le poulet dans le bol d'un mixeur puis ajoutez l'œuf, le chèvre, le miel et le thym. Salez et poivrez.

2 Étalez au pinceau le beurre sur 1 feuille de brick, puis pliez-la en deux. Déposez 1 cuillerée de farce à l'extrémité puis repliez la pâte afin de former un triangle. Répétez l'opération pour chaque briouate.

3 Placez les briouates sur la grille légèrement huilée de l'appareil et faites cuire 10 minutes à 200 °C.

Pour garder des briouates bien croquantes il ne faut pas les cuire dans l'huile chaude, mais il faut les mettre dans l'huile froide et ensuite démarrer la cuisson. Pour bien coller les feuilles de brick il est possible de les dorer avec du jaune d'œuf.

Boulettes de pommes de terre, sauge et ail

POUR **4 PERSONNES**
PRÉPARATION : **20 MIN**
CUISSON : **40 MIN**

- **1 kg pommes de terre**
- **100 g de farine**
- **1 poignée de gros sel**
- **2 œufs**
- **1 bouquet de sauge**
- **3 gousses d'ail**
- **Huile d'olive**
- **Sel et poivre**

1 Lavez soigneusement les pommes de terre puis faites-les cuire à la vapeur pendant 30 minutes. Épluchez-les encore chaudes et écrasez-les à l'aide d'une fourchette. Ajoutez deux tiers de farine sur la purée, salez, poivrez et mélangez rapidement.

2 Battez brièvement les œufs en omelette et mélangez à la purée. Ajoutez les gousses d'ail pelées et hachées ainsi que la sauge ciselée finement. Incorporez le reste de la farine petit à petit pour obtenir une pâte très compacte.

3 Façonnez des boulettes de la taille d'une noix.

4 Déposez les boulettes de pomme de terre dans le panier légèrement huilé du robot et faites cuire 10 minutes à 170 °C.

Choisissez des pommes de terre farineuses qui seront plus appropriées pour la purée.

Beignets turcs

POUR **4 PERSONNES**
(30 BEIGNETS ENVIRON)
PRÉPARATION : **20 MIN**
CUISSON : **10 MIN**
PAR FOURNÉE
REPOS : **1 H 10**

- **400 g de farine**
- **400 g de feta**
- **12 cl de lait tiède**
- **1 œuf**
- **1 cuil. à soupe de levure de boulanger fraîche**
- **1 cuil. à café de sucre semoule**
- **1 cuil. à soupe d'huile neutre**
- **1 pincée sel**

1 Diluez la levure avec 12 cl d'eau tiède, le sucre et mélangez bien. Laissez reposer 10 minutes. Ajoutez ensuite le lait, l'œuf, le sel et la farine jusqu'à obtenir une pâte lisse qui ne colle plus. Laissez pousser pendant 1 heure. La pâte va doubler de volume.

2 Dégazez la pâte en appuyant dessus avec le poing et divisez-la en 2 pâtons. Étalez-les à l'aide d'un rouleau à pâtisserie. Détaillez 60 cercles de même taille (environ 7.5 cm de diamètre) à l'aide d'un emporte-pièce.

3 Coupez la feta en petits cubes et garnissez-en 30 disques de pâte, puis refermez les beignets avec les disques restants.

4 Disposez les beignets dans le panier du robot et versez l'huile par-dessus.

5 Faites cuire 10 minutes à 190 °C. en retournant les beignets à mi-cuisson. Répétez d'opération jusqu'à épuisement des beignets.

VOUS POUVEZ AUSSI CHOISIR DE GARNIR LES BEIGNETS DE VIANDE HACHÉE OU DE LÉGUMES GRILLÉS.

Frites de patates douces et coco

POUR **4 PERSONNES**
PRÉPARATION : **10 MIN**
CUISSON : **15 À 20 MIN PAR FOURNÉE**

- **4 patates douces moyennes**
- **2 cuil. à soupe de coco en poudre**
- **1 cuil. à soupe de farine de coco**
- **Huile de coco**
- **Sel et poivre**

1 Lavez et séchez les patates douces. Coupez-les en tranches de 0,5 cm d'épaisseur dans la longueur puis détaillez des bâtonnets de 0,5 cm maximum. Recoupez en deux si nécessaire.

2 Mettez les bâtonnets dans un saladier et ajoutez la farine et la coco. Mélangez bien pour que la patate douce soit bien recouverte de farine et de coco.

3 Préchauffez l'appareil à 180 °C avec l'huile de coco, puis ajoutez la moitié des frites et faites cuire 15 à 20 minutes à 180 °C. Répétez l'opération pour la seconde partie.

4 Salez et poivrez au moment de servir.

Vous pouvez réaliser aussi des patates douces rôties en les coupant en quatre seulement, sans ajouter la farine de coco, en les faisant cuire 30 minutes à 180 °C.

Croissants au saumon et fromage frais

POUR **4 PERSONNES (16 CROISSANTS)**
PRÉPARATION : **10 MIN**
CUISSON : **12 MIN**

- **1 pâte feuilletée**
- **3 tranches de saumon fumé**
- **100 g de fromage frais**
- **1 cuil. à soupe de graines de sésame**
- **1 jaune d'œuf battu**

1 Découpez la pâte en 16 triangles. Coupez le saumon en lamelles.

2 Sur chaque triangle, déposez des lamelles de saumon puis tartinez de fromage frais. Roulez ensuite la pâte en terminant par la pointe puis dorez chaque croissant avec le jaune d'œuf à l'aide d'un pinceau. Saupoudrez de sésame.

3 Déposez les croissants dans le panier du robot et faites cuire 12 minutes à 180 °C.

RÉALISEZ DES CROISSANTS AVEC DU JAMBON FUMÉ ET DES LAMELLES DE TOMATE SÉCHÉE.

Gyozas

POUR **4 PERSONNES**
PRÉPARATION : **20 MIN**
CUISSON : **15 MIN**
REPOS : **1 H**

Pour la pâte

- **240 g de farine de blé**
- **1 pincée de sel**

Pour la farce

- **200 g d'escalope de poulet**
- **1 chou chinois**
- **1 gousse d'ail**
- **2 cm de gingembre frais râpé**
- **1 cuil. à soupe d'huile de sésame**
- **Sel et poivre**

1 Dans un saladier, mélangez la farine, 12 cl d'eau tiède et la pincée de sel. Formez une boule. Couvrez le saladier avec un torchon, puis laissez reposer la pâte pendant 1 heure.

2 Abaissez la pâte au rouleau à pâtisserie. Façonnez un boudin de 4 cm de diamètre et coupez des rondelles de 1 cm d'épaisseur.

3 Faites blanchir le chou dans une casserole d'eau bouillante pendant 5 minutes.

4 Dans le bol d'un mixeur, mettez la viande, le chou blanchi, l'ail pelé et le gingembre râpé et mixez pour obtenir une farce.

5 Étalez chaque rondelle de pâte et garnissez-la de farce en laissant une marge autour pour permettre de bien souder les gyozas. Repliez la pâte sur la garniture et formez un chausson. À l'aide d'une fourchette, soudez les bords.

6 Versez l'huile dans le panier du robot et faites cuire les gyozas 8 minutes à 200 °C, puis ajoutez 1 verre d'eau et poursuivez la cuisson pendant 2 minutes à 200 °C.

VOUS POUVEZ RÉALISER DES GYOZAS AVEC UNE FARCE AUX CREVETTES, POUR CELA REMPLACEZ LA VOLAILLE PAR DES CREVETTES DÉCORTIQUÉES CRUES ET AJOUTEZ 1 CUILLERÉE À CAFÉ DE CURRY.

Tartines, pizzas & co

Tartines charcutières

POUR **4 PERSONNES**
PRÉPARATION : **5 MIN**
CUISSON : **8 MIN**

- **4 tranches de pain**
- **1 gousse d'ail épluchée**
- **4 tranches de chorizo**
- **4 tranches de bacon**
- **4 tranches de cheddar**
- **Quelques feuilles de jeunes pousses**
- **1 cuil. à soupe d'huile d'olive**

1 Frottez chaque tranche de pain avec la gousse d'ail.

2 Disposez 1 tranche de cheddar sur chaque tranche de pain puis ajoutez le bacon et le chorizo.

3 Mettez les tartines sur la grille légèrement huilée de l'appareil et faites cuire 8 minutes à 180 °C.

4 Ajoutez après la cuisson quelques jeunes pousses et dégustez.

VOUS POUVEZ RÉALISER CES TARTINES AVEC DE LA CHARCUTERIE : VIANDE DES GRISONS, COPPA, MAGRETS...

Pizza à partager

POUR **8 PERSONNES**
PRÉPARATION : **20 MIN**
CUISSON : **15 MIN**
REPOS : **1 H 30**

Pour la pâte à pizza

- **250 g de farine T55 + un peu pour le plan de travail**
- **10 g de levure de boulanger fraîche**
- **1 cuil. à soupe d'huile d'olive**
- **½ cuil. à café de sel**

Pour la garniture

- **2 cuil. à soupe de coulis de tomates**
- **½ oignon épluché**
- **4 figues sèches**
- **4 tranches de jambon de pays**
- **2 crottins de chèvre**
- **1 poignée de jeunes pousses**
- **1 filet de miel**

1 Dans le bol d'un robot, mettez la farine, l'huile d'olive et le sel, puis ajoutez la levure diluée dans 12,5 cl d'eau. Pétrissez pendant 15 minutes puis laissez pousser pendant 1 h 30 sous un linge humide.

2 Une fois que la pâte a doublé de volume, dégazez-la avec le poing et étalez-la sur le plan de travail fariné.

3 Découpez la pâte au format d'un plat adapté à l'appareil, étalez-la sur du papier sulfurisé et placez le tout dans le panier du robot. Répartissez le coulis de tomates, ajoutez les lamelles d'oignon, les tranches de jambon de pays et les crottins de chèvre coupés en deux ainsi que les figues sèches émincées.

4 Arrosez de miel et faites cuire 15 minutes à 180 °C. Servez la pizza parsemée des jeunes pousses.

UTILISEZ LE CENTRE DE LA PIZZA TROUÉ POUR METTRE UN PETIT BOL AVEC DES BÂTONNETS DE LÉGUMES, PAR EXEMPLE.

Pizzas turques au fromage

POUR **4 PETITES PIZZAS**
PRÉPARATION : **20 MIN**
CUISSON : **12 MIN PAR FOURNÉE**
REPOS : **1 H 40**

- **225 g de farine**
- **100 g de feta**
- **75 g de fromage de chèvre frais**
- **50 g de gorgonzola**
- **5 cl de lait tiède**
- **2 œufs + 1 jaune**
- **½ sachet de levure de boulanger**
- **1 cuil. à soupe de coriandre séchée**
- **1 cuil. à café de sésame**
- **½ cuil. à café de sucreen poudre**
- **1 pincée de sel**

1 Dans un petit bol, mettez la levure avec 5 cl d'eau tiède et le sucre et laissez reposer 10 minutes.

2 Dans le bol d'un robot, mettez la farine, le mélange levure-eau, puis le lait et le sel. Pétrissez pendant 10 minutes jusqu'à ce que la pâte se décolle du bol. Formez une boule et recouvrez d'un linge propre, puis laissez pousser pendant 1 h 30.

3 Divisez la pâte en quatre et étalez-la afin d'obtenir des ovales.

4 Mixez les œufs avec la feta et le gorgonzola. Versez cette préparation au centre des pizzas puis ajoutez le chèvre frais. Dorez au jaune d'œuf les pourtours des pizzas et parsemez la coriandre et le sésame.

5 Déposez 2 pizzas dans le panier du robot tapissé de papier sulfurisé et faites cuire 12 minutes à 180 °C. Renouvelez l'opération avec les 2 autres pizzas.

Vous pouvez choisir d'utiliser d'autres fromages pour réaliser la recette.

Pizza farine de pois chiches

POUR **4 PERSONNES**
PRÉPARATION : **10 MIN**
CUISSON : **15 MIN**

- **200 g de farine de pois chiches**
- **2 oignons rouges épluchés**
- **½ poivron vert**
- **100 g de coulis de tomates**
- **1 boule de mozzarella**
- **1 poignée de parmesan**
- **1 poignée de roquette**
- **1 cuil. à café d'origan séché**
- **1 filet d'huile d'olive**
- **Sel et poivre**

1 Mélangez la farine de pois chiches, 10 cl d'eau, le poivre, le sel et l'origan. Pétrissez la pâte puis étalez-la et façonnez-la de manière à obtenir un cercle au format d'un plat adapté à la taille du robot.

2 Déposez la pâte dans le plat tapissé de papier sulfurisé puis dans le robot. Ajoutez le coulis de tomates et les oignons coupés en fines lamelles. Faites cuire 15 minutes à 180 °C.

3 Sortez la pizza du plat et garnissez le centre avec la mozzarella, puis parsemez la pizza de parmesan et de roquette. Versez 1 filet d'huile d'olive, salez et poivrez.

Vous pouvez aromatiser la pâte en y ajoutant des épices comme le paprika ou le curry et des herbes sèches, par exemple du thym ou du romarin.

Toasts chèvre et miel

POUR **4 PERSONNES**
PRÉPARATION : **5 MIN**
CUISSON : **5 MIN**

- **4 tranches de pain**
- **2 cuil. à soupe de miel**
- **2 figues sèches**
- **1 branche de thym**
- **4 cabécous**
- **Huile d'olive**

1 Mettez sur chaque tranche de pain 1 cabécou, 1 demi-figue sèche hachée et quelques feuilles de thym.

2 Disposez les tranches de pain sur la grille légèrement huilée de l'appareil et faites cuire 5 minutes à 180 °C.

3 Ajoutez après cuisson le miel et dégustez avec une salade de jeunes pousses.

Lorsque la saison s'y prête, remplacez les figues sèches par des figues fraîches.

Naans au fromage

POUR **4 NAANS**
PRÉPARATION : **20 MIN**
CUISSON : **7 MIN**
PAR FOURNÉE
REPOS : **2 H 15**

- **150 g de farine**
- **½ cuil. à soupe d'huile neutre**
- **½ yaourt nature**
- **4 portions de fromage type Vache qui rit®**
- **½ sachet de levure de boulanger**
- **1 cuil. à soupe d'huile d'olive**
- **1 pincée de sel**

1 Mélangez dans un petit bol la levure avec 2 cuillerées à soupe d'eau tiède et laissez reposer pendant 15 minutes.

2 Mélangez dans un saladier la farine avec le levain (levure et eau), le sel, le yaourt et l'huile. Pétrissez la pâte, elle doit être souple. Laissez reposer la pâte pendant 2 heures à proximité d'une source de chaleur.

3 Une fois la pâte levée, divisez-la en 8 pâtons et aplatissez-les un peu avec la main. Déposez le fromage sur 4 pâtons et recouvrez-les des pâtons restants en soudant bien les bords.

4 Versez l'huile dans le panier du robot puis déposez-y 2 naans et faites cuire 7 minutes à 200 °C puis renouvelez l'opération pour les naans restants.

POUR ACCOMPAGNER LES NAANS, RÉALISEZ UNE SAUCE VERTE AVEC 1 YAOURT, QUELQUES TIGES DE CORIANDRE ET DE MENTHE, 1 GOUSSE D'AIL, LE JUS DE 1 CITRON, QUELQUES GRAINES DE CUMIN ET 1 PINCÉE DE SEL ET MIXEZ LE TOUT FINEMENT.

Œufs au bacon

POUR **2 PERSONNES**
PRÉPARATION : **10 MIN**
CUISSON : **10 MIN**

- **2 œufs**
- **4 tranches de bacon**
- **2 tranches de brioche**
- **1 trait d'huile d'olive**
- **Sel et poivre du moulin**

1 Faites cuire les tranches de bacon 2 minutes à 170 °C puis réservez.

2 Aplatissez avec les doigts le centre de chaque tranche de brioche afin que l'œuf ne s'échappe pas.

3 Déposez les 2 tranches de brioche sur la grille légèrement huilée de l'appareil. Posez dessus 1 tranche de bacon, cassez 1 œuf par-dessus puis recouvrez avec la seconde tranche de bacon. Salez et poivrez.

4 Faites cuire 8 minutes à 180 °C.

SERVEZ POUR UN PETIT DÉJEUNER BRITISH AVEC UN VERRE DE JUS D'ORANGE FRAIS.

Cheese sandwich

POUR **2 PERSONNES**
PRÉPARATION : **5 MIN**
CUISSON : **8 MIN**

- **2 grandes tranches de pain de campagne**
- **40 g de cheddar**
- **2 tranches de jambon de pays**
- **4 tomates confites**
- **1 poignée de jeunes pousses**
- **Quelques cerneaux de noix**
- **Huile de noix + 1 filet pour la salade**
- **1 trait de vinaigre balsamique**
- **Sel et poivre du moulin**

1 Coupez les tranches de pain en deux. Recouvrez la première tranche de la moitié du cheddar puis ajoutez le jambon et 2 tomates confites et refermez le sandwich. Répétez l'opération pour le second sandwich.

2 Déposez les sandwichs sur la grille légèrement huilée de l'appareil et faites cuire 8 minutes à 190 °C.

3 Servez les sandwichs dans 2 assiettes, ajoutez les jeunes pousses sur le dessus et quelques noix, puis assaisonnez.

Remplacez le cheddar par un cabécou.

Toasts œuf et lard

POUR **4 PERSONNES**
PRÉPARATION : **5 MIN**
CUISSON : **10 MIN**

- **4 tranches de pain de campagne**
- **8 œufs de caille**
- **8 tranches de lard**
- **1 gousse d'ail épluchée**
- **1 branche de thym effeuillé**
- **1 cuil. à soupe de graines de moutarde**
- **Huile d'olive**
- **Poivre**

1 Frottez chaque tranche de pain avec la gousse d'ail.

2 Déposez 2 tranches de lard par tartine puis cassez délicatement 2 œufs de caille sur chaque tartine. Parsemez de thym et de graines de moutarde.

3 Déposez les tartines sur la grille légèrement huilée de l'appareil et faites cuire 10 minutes à 180 °C. Poivrez et dégustez bien chaud.

Vous pouvez ajouter des copeaux de parmesan ou de mozzarella fumée pour plus de gourmandise.

Pain à l'ail

POUR **6 PERSONNES**
PRÉPARATION : **15 MIN**
CUISSON : **30 À 35 MIN**
REPOS : **3 H**

- **500 g de farine de blé blanche + un peu pour le plan de travail**
- **30 g de levure de boulanger fraîche**
- **15 g de fleur de sel**

Pour la persillade

- **2 gousses d'ail**
- **3 branches de persil frais**
- **150 g de beurre fondu**

1 Mélangez la farine, la levure émiettée, 30 cl d'eau tiède et le sel dans le bol d'un robot muni du crochet et pétrissez jusqu'à obtenir une boule lisse, 15 minutes environ. Placez la pâte dans un saladier, couvrez et laissez lever 1 h 30 à température ambiante.

2 Façonnez la pâte sur le plan de travail fariné en une boule, puis faites un trou au centre et laissez pousser encore 1 h 30.

3 Humidifiez le pain et incisez-le, puis faites cuire 25 minutes à 180 °C. Laissez refroidir.

4 Pelez et hachez l'ail. Ciselez le persil. Mélangez le beurre fondu, l'ail et le persil.

5 Quadrillez le pain en réalisant des entailles puis versez dessus la persillade. Placez-le sur la grille de l'appareil et faites cuire 5 à 10 minutes à 180 °C. Dégustez chaud.

Pour les plus gourmands, vous pouvez aussi ajouter au centre du pain un petit contenant avec du fromage type raclette ou reblochon à déguster avec le pain à l'ail.

Mini-pizzas pesto et mozza

POUR **8 PIZZAS**
PRÉPARATION : **10 MIN**
CUISSON : **10 MIN**
REPOS : **1 H 30**

- **250 g de farine T55**
- **8 cuil. à café de pesto**
- **1 boule de mozzarella**
- **8 tomates cerises**
- **8 morceaux de cœurs d'artichaut marinés**
- **10 g de levure de boulanger fraîche**
- **1 pincée d'origan**
- **1 cuil. à soupe d'huile d'olive**
- **½ cuil. à café de sel**

1 Dans le bol d'un robot, mettez la farine, l'huile d'olive et le sel, puis ajoutez la levure diluée dans 12,5 cl d'eau. Pétrissez pendant 15 minutes puis laissez lever pendant 1 h 30 sous un linge humide.

2 Une fois que la pâte a doublé de volume, dégazez-la avec le poing et divisez-la en 8 pâtons de taille identique.

3 Étalez chaque pâton en rond et garnissez de pesto, d'un huitième de mozzarella coupée en lamelles, de 1 morceau de cœur d'artichaut et de 1 tomate cerise. Parsemez d'origan.

4 Déposez les mini-pizzas sur la grille de l'appareil et faites cuire 10 minutes à 180 °C.

VOUS POUVEZ VARIER LA GARNITURE DES PIZZAS ET FAIRE MOITIÉ PESTO ROUGE MOITIÉ PESTO VERT ET AJOUTER DU JAMBON FUMÉ.

Frittata courgette, menthe, feta et tomates cerises

POUR **4 PERSONNES**
PRÉPARATION : **10 MIN**
CUISSON : **23 MIN**

- **6 œufs**
- **2 courgettes coupées en dés (réserver quelques lamelles pour le dessus de la frittata)**
- **2 cuil. à soupe de menthe ciselée**
- **60 g de feta**
- **6 tomates cerises**
- **1 échalote émincée**
- **1 gousse d'ail émincée**
- **2 poignées de jeunes pousses**
- **3 cuil. à soupe de lait de coco**
- **Huile d'olive**
- **Sel et poivre du moulin**

1. Dans le panier du robot, faites revenir l'échalote, l'ail et les dés de courgette avec l'huile 6 minutes à 180 °C. Réservez les courgettes dans un plat à la fin de la cuisson.

2. Pendant ce temps, battez les œufs avec le lait de coco et la moitié de la feta émiettée puis ajoutez la moitié de la menthe ciselée. Salez et poivrez.

3. Versez la pâte dans un plat tapissé de papier sulfurisé adapté à la taille du robot.

4. Ajoutez les courgettes et les tomates cerises coupées en deux, et faites cuire 15 minutes à 170 °C.

5. Démoulez et parsemez du reste de feta émiettée et de menthe ciselée.

6. Servez avec les jeunes pousses et 1 filet d'huile d'olive.

Tourte aux épinards

POUR **4 PERSONNES**
PRÉPARATION : **15 MIN**
CUISSON : **25 MIN**

- **2 rouleaux de pâte feuilletée**
- **500 g d'épinards frais**
- **100 g de ricotta**
- **50 g de pignons de pin**
- **3 œufs**
- **1 gousse d'ail**
- **1 noix de beurre**
- **Sel et poivre**

1 Dans une poêle avec le beurre, faites suer les épinards pendant 5 minutes, puis égouttez-les.

2 Battez les œufs en omelette, puis ajoutez la ricotta et la gousse d'ail pressée, salez et poivrez. Incorporez les épinards et les pignons.

3 Tapissez de papier sulfurisé un moule adapté à la taille du robot et déposez-y la pâte feuilletée.

4 Versez l'appareil aux épinards puis recouvrez de la seconde pâte feuilletée, également trouée au milieu, et soudez bien les bords.

5 Faites cuire 20 minutes à 180 °C.

VOUS POUVEZ AJOUTER 1 PETIT FROMAGE DE CHÈVRE ET DU GORGONZOLA POUR PLUS DE GOURMANDISE.

Tortilla de pommes de terre

POUR **4 PERSONNES**
PRÉPARATION : **15 MIN**
CUISSON : **37 À 40 MIN**

- **5 œufs**
- **500 g de pommes de terre**
- **1 oignon jaune**
- **2 cuil. à soupe d'huile d'olive**
- **Sel et poivre du moulin**

1 Pelez les pommes de terre et l'oignon et coupez-les en lamelles les plus fines possible, éventuellement à l'aide d'une mandoline.

2 Versez 1 cuillerée d'huile dans un plat adapté à la taille du robot et faites cuire les pommes de terre et les oignons 25 minutes à 160 °C.

3 Dans un saladier, battez les œufs en omelette, salez et poivrez.

4 Une fois que les pommes de terre et les oignons sont cuits, versez-les dans le saladier avec les œufs battus.

5 Versez 1 cuillerée d'huile dans le plat et versez-y la préparation. Replacez le tout dans l'appareil et faites cuire 12 à 15 minutes à 180 °C.

VOUS POUVEZ AJOUTER DES LAMELLES DE JAMBON FUMÉ.

Toasts foie gras et figue

POUR **8 PERSONNES**
PRÉPARATION : **10 MIN**
CUISSON : **13 MIN**

- **1 baguette de pain**
- **80 g de foie gras mi-cuit**
- **4 figues sèches**
- **4 cuil. à café de sucre en poudre**
- **Huile de tournesol**

1 Coupez la baguette en tranches de 2 cm environ d'épaisseur. Placez-les sur la grille légèrement huilée de l'appareil et faites cuire 2 minutes à 200 °C.

2 Coupez les figues en lamelles. Détaillez le foie gras en tranches fines.

3 Recouvrez chaque tranche de pain de lamelles de figue et de foie gras puis saupoudrez de sucre.

4 Disposez les toasts sur la grille de l'appareil et faites cuire 5 minutes à 180 °C. Dégustez chaud.

Vous pouvez remplacer la figue par de la mangue.

Plats de viande

Aiguillettes de poulet ail et parmesan

POUR **4 PERSONNES**
PRÉPARATION : **10 MIN**
CUISSON : **15 MIN**

- **8 aiguillettes de poulet**
- **4 gousses d'ail**
- **80 g de parmesan râpé**
- **Huile d'olive**
- **Poivre du moulin**

1 Pressez les gousses d'ail.

2 Poivrez les aiguillettes et enduisez-les de la purée d'ail puis roulez-les dans le parmesan râpé.

3 Disposez les aiguillettes dans le panier légèrement huilé du robot et laissez cuire 12 minutes à 190 °C.

VOUS POUVEZ RÉALISER UNE PETITE SAUCE EN FAISANT CHAUFFER 10 CL DE CRÈME AVEC 2 GOUSSES D'AIL ÉCRASÉES ET 1 CUILLERÉE À SOUPE DE PARMESAN.

Poulet frit

POUR **4 PERSONNES**
PRÉPARATION : **10 MIN**
CUISSON : **18 À 20 MIN**
MARINADE : **1 H**

- **8 ailes de poulet**
- **3 gousses d'ail**
- **3 échalotes**
- **1 piment rouge**
- **2 cuil. à soupe de farine de coco**
- **2 cuil. à soupe de sauce nuoc-mâm**
- **2 cuil. à soupe de sucre de coco**
- **1 cuil. à café de curcuma**
- **Huile parfumée**
- **Quelques tiges de persil plat**

1 Pelez les gousses d'ail et les échalotes puis mixez-les avec le curcuma, le persil et le piment. Dans un saladier, faites mariner pendant 1 heure les ailes de poulet avec la pâte obtenue, la sauce nuoc-mâm et le sucre de coco.

2 Enduisez chaque aile de poulet marinée de farine de coco.

3 Déposez les ailes dans le panier légèrement huilé du robot et faites cuire 18 à 20 minutes à 180 °C.

4 Servez avec du riz au safran, par exemple.

PRÉPAREZ LA MARINADE LA VEILLE ET VOTRE REPAS SERA TRÈS VITE PRÊT.

Pastilla poulet, amandes et miel

POUR **6 PERSONNES**
PRÉPARATION : **20 MIN**
CUISSON : **40 MIN**

- **4 feuilles de brick**
- **600 g de filets de poulet**
- **150 g d'amandes effilées + quelques-unes pour la décoration**
- **2 oignons**
- **1 gousse d'ail**
- **1 bouquet de coriandre**
- **20 g de beurre fondu**
- **2 cuil. à soupe de miel liquide**
- **1 cuil. à soupe de sucre glace**
- **1 cuil. à café de cannelle + un peu pour servir**
- **1 cuil. à café de ras el-hanout**
- **1 cuil. à café de cuminen poudre**
- **1 cuil. à café de gingembre en poudre**
- **Huile d'olive**
- **Sel et poivre**

1 Pelez l'ail et l'oignon puis émincez-les finement. Hachez la coriandre. Faites torréfier à sec dans une poêle les amandes.

2 Pendant ce temps, faites cuire les filets de poulet salés et poivrés avec les épices dans le panier du robot avec l'huile 15 minutes à 160 °C, puis ajoutez les oignons et l'ail ainsi que la coriandre et poursuivez la cuisson 10 minutes à 160 °C.

3 Découpez une feuille de papier sulfurisé à la dimension d'un plat adapté à l'appareil.

Déposez 2 feuilles de brick sur le papier sulfurisé et badigeonnez-les de beurre fondu avec un pinceau. Renouvelez l'opération avec une troisième feuille. Répartissez dans le fond les amandes grillées, puis ajoutez le poulet aux épices et arrosez de miel. Recouvrez d'une quatrième feuille de brick et badigeonnez-la de beurre en rabattant le pourtour vers l'intérieur.

4 Faites cuire 15 minutes 200 °C. Démoulez la pastilla et saupoudrez-la de cannelle et de sucre glace puis ajoutez quelques amandes effilées.

Pilons de poulet à la thaïe

POUR **4 PERSONNES**
PRÉPARATION : **15 MIN**
CUISSON : **25 MIN**
MARINADE : **1 H**

- **8 pilons de poulet**
- **1 bouquet de coriandre**
- **3 gousses d'ail**
- **3 cm de gingembre frais**
- **Le jus et les zestes de 3 citrons verts**
- **3 cuil. à soupe de sauce nuoc-mâm**
- **2 cuil. à café de cassonade**
- **Huile de sésame**
- **1 cuil. à café de poivre blanc en grains**

1 Dans le bol d'un mixeur, mettez la cassonade, le poivre, le gingembre, l'ail pelé, la coriandre, le jus et les zestes de citron et la sauce nuoc-mâm et mixez pour obtenir la marinade.

2 Enduisez ensuite les pilons de poulet de cette préparation et laissez mariner pendant 1 heure.

3 Mettez les pilons et la marinade dans le panier du robot et faites cuire 25 minutes à 190 °C. Secouez le panier une fois ou deux pendant la cuisson.

DÉGUSTEZ LES PILONS AVEC UNE SAUCE CITRON VERT RELEVÉE. POUR LA SAUCE, MÉLANGEZ LE JUS DE 2 CITRONS VERTS, 1 PIMENT ROUGE, 1 GOUSSE D'AIL HACHÉE, 2 CUILLERÉES À CAFÉ DE CASSONADE ET 1 CUILLERÉE À SOUPE DE SAUCE NUOC-MÂM

Aiguillettes de poulet façon tenders

POUR **4 PERSONNES**
PRÉPARATION : **10 MIN**
CUISSON : **15 MIN**

- **8 aiguillettes de poulet**
- **100 g de pétales de maïs**
- **1 œuf**
- **2 cuil. à soupe de farine**
- **1 cuil. à soupe de miel**
- **1 cuil. à soupe de moutarde douce type Savora®**
- **1 cuil. à café de paprika en poudre**
- **Huile d'olive**
- **Sel et poivre**

1 Dans un bol, battez l'œuf avec le miel et la moutarde. Écrasez les pétales de maïs avec le sel et le poivre. Mélangez la farine avec le paprika.

2 Trempez les aiguillettes dans la farine au paprika, passez-les ensuite dans le mélange à l'œuf et enrobez-les de céréales.

3 Déposez les aiguillettes dans le panier du robot sans qu'elles se superposent et faites cuire 15 minutes à 190 °C.

VOUS POUVEZ, SI VOUS AIMEZ LES SAVEURS ÉPICÉES, FAIRE MARINER LES AIGUILLETTES AVEC DU PIMENT ET LE JUS DE 1 CITRON AVANT DE LES PANER.

Keftas de poulet au thym et citron

POUR **4 PERSONNES**
PRÉPARATION : **15 MIN**
CUISSON : **15 MIN**

- 500 g de filets de poulet
- 100 g de fromage blanc
- 1 oignon
- 3 gousses d'ail
- Le jus et les zestes de 1 citron jaune
- 1 œuf
- 1 cuil. à soupe de crème fraîche liquide
- 30 g de pistaches concassées
- 1 cuil. à café de paprika en poudre
- 1 cuil. à café de curcuma en poudre
- 3 branches de thym
- Huile de noisette
- Sel et poivre du moulin

1 Hachez au mixeur les filets de poulet. Pelez et hachez l'oignon et 2 gousses d'ail.

2 Mélangez le poulet haché avec les épices et 2 branches de thym effeuillées, l'oignon et l'ail puis ajoutez l'œuf, la crème, le jus de citron et les pistaches. Façonnez avec les mains des boulettes de la taille d'une grosse noix.

3 Faites cuire les boulettes 15 minutes à 180 °C en les repartissant dans le panier du robot avec un peu d'huile, en veillant à remuer le panier à mi-cuisson.

4 Préparez la sauce en mélangeant le fromage blanc, les zestes de citron, la gousse d'ail restante pelée et hachée et le reste du thym.

5 Dégustez chaud avec la sauce.

Brochettes de poulet, coriandre et cacahuètes

POUR **4 PERSONNES**
PRÉPARATION : **15 MIN**
CUISSON : **15 MIN**
MARINADE : **4 H**

- **4 filets de poulet**
- **1 bouquet de coriandre**
- **Le jus de 1 citron**
- **1 gousse d'ail**
- **3 cuil. à soupe de cacahuètes concassées**
- **1 filet d'huile d'olive**
- **Sel et poivre**

1 Hachez finement l'ail et la coriandre. Coupez le poulet en cubes.

2 Faites mariner pendant 4 heures les cubes de poulet avec le jus de citron, l'huile d'olive, la coriandre, l'ail haché, salez et poivrez.

3 Piquez les morceaux de poulet sur de petites piques à brochettes puis déposez-les sur la grille de l'appareil.

4 Faites cuire 15 minutes à 180 °C.

5 À la fin de la cuisson, saupoudrez les brochettes de cacahuètes concassées.

SI VOUS AVEZ DES RESTES, VOUS POUVEZ ENSUITE AJOUTER LES MORCEAUX DE POULET DANS UNE SALADE.

Pilons marinés aux agrumes et sirop d'érable

POUR **4 PERSONNES**
PRÉPARATION : **10 MIN**
CUISSON : **25 MIN**
MARINADE : **30 MIN**

- **4 pilons de poulet**
- **2 citrons verts**
- **2 oranges**
- **1 échalote**
- **3 cuil. à soupede sirop d'érable**
- **1 cuil. à café d'épices tandoori**
- **1 cuil. à soupe d'huile d'olive**
- **Sel et poivre**

1 Pelez et hachez l'échalote. Lavez puis coupez en rondelles 1 orange et 1 citron.

2 Dans un saladier, mettez les pilons de poulet, l'échalote et ajoutez le jus de l'orange et du citron restants puis les épices, le sel et le poivre, le sirop d'érable et pour finir les tranches d'agrumes. Couvrez avec du film alimentaire et laissez mariner pendant 30 minutes.

3 Placez les pilons avec la marinade dans le panier du robot et faites cuire 25 minutes à 190 °C. Veillez à les retourner à mi-cuisson.

VOUS POUVEZ REMPLACER LE SIROP D'ÉRABLE PAR DU SUCRE DE COCO OU DU SIROP D'AGAVE OU BIEN DU MIEL.

Boeuf aux oignons

POUR **4 PERSONNES**
PRÉPARATION : **15 MIN**
CUISSON : **15 MIN**
MARINADE : **30 MIN**

- **400 g de filet de bœuf**
- **4 oignons jaunes**
- **2 cives**
- **4 cuil. à soupe de sauce soja**
- **1 cuil. à soupe d'huile neutre**

Pour la marinade

- **4 cuil. à soupe de sauce soja**
- **2 cuil. à soupe de vin blanc sec**
- **2 cuil. à café de Maïzena®**
- **2 cuil. à café d'huile neutre**

1 Coupez le bœuf en lamelles très fines. Mettez-les dans un plat et préparez la marinade. Ajoutez la sauce soja, le vin blanc et l'huile. Versez ensuite la Maïzena® et mélangez. Couvrez d'un film alimentaire et réservez au frais 30 minutes.

2 Pelez les oignons et coupez-les en fines lamelles. Émincez les cives.

3 Dans le panier du robot, versez l'huile puis ajoutez les oignons et la sauce soja. Faites cuire 5 minutes à 180 °C, puis ajoutez les lamelles de bœuf et terminez la cuisson 10 minutes à 180 °C.

4 Servez en parsemant de cives émincées.

Vous pouvez ajouter quelques cacahuètes concassées pour un peu de croquant et accompagner le plat de nouilles chinoises.

Escalopes milanaises

POUR **2 PERSONNES**
PRÉPARATION : **10 MIN**
CUISSON : **15 À 18 MIN**

- **2 escalopes de veau**
- **100 g de chapelure fine**
- **50 g de parmesan**
- **1 œuf**
- **2 cuil. à soupe de lait**
- **1 cuil. à soupe de farine**
- **1 cuil. à café d'ail en poudre**
- **1 citron**
- **Quelques tiges de persil**
- **Huile d'olive**
- **Sel et poivre**

1 Aplatissez les escalopes entre 2 morceaux de film alimentaire à l'aide d'un rouleau à pâtisserie. Battez l'œuf avec le lait dans un bol. Dans une assiette, mélangez la chapelure, le parmesan, l'ail en poudre et du poivre.

2 Salez les escalopes puis roulez-les dans la farine. Plongez-les ensuite dans le mélange œuf-lait et enfin dans le mélange de chapelure.

3 Déposez les escalopes panées dans le panier légèrement huilé du robot et faites cuire 15 à 18 minutes à 180 °C, en retournant les escalopes à mi-cuisson.

4 Servez avec des rondelles de citron et le persil ciselé.

RÉALISEZ CETTE RECETTE EN REMPLAÇANT LE VEAU PAR DU POULET.

Brochettes de veau au citron vert

POUR **4 PERSONNES**
PRÉPARATION : **10 MIN**
CUISSON : **15 MIN**

- **500 g de veau**
- **4 citrons verts**
- **2 branches de thym**
- **2 cuil. à soupe de miel**
- **1 cuil. à soupe de sésame**
- **Huile de sésame**
- **Sel et poivre du moulin**

1 Coupez le veau en dés de 5 cm puis arrosez-les du jus de 2 citrons. Effeuillez le thym et parsemez-le sur la viande, puis saupoudrez de sésame. Salez et poivrez.

2 Sur de petites piques, disposez 1 morceau de viande puis 1 quartier de citron et renouvelez l'opération. Procédez de la même façon pour les autres brochettes.

3 Déposez les brochettes dans le panier du robot avec un peu d'huile de sésame et arrosez-les de miel. Faites cuire 15 minutes à 170 °C en les retournant à mi-cuisson.

Réalisez la recette avec des blancs de poulet à la place du veau.

Côtelettes d'agneau en croûte d'herbes et parmesan

POUR **4 PERSONNES**
PRÉPARATION : **10 MIN**
CUISSON : **15 MIN**

- **4 côtelettes d'agneau**
- **100 g de chapelure**
- **50 g de parmesan**
- **1 œuf battu**
- **1 gousse d'ail**
- **1 bouquet de persil plat**
- **1 cuil. à soupe de romarin**
- **1 filet d'huile d'olive**
- **Sel et poivre**

1 Salez et poivrez la viande. Préparez la chapelure aux herbes en mélangeant la chapelure, le persil ciselé, le romarin, la gousse d'ail hachée et le parmesan.

2 Trempez chaque côtelette dans l'œuf battu puis dans la chapelure.

3 Déposez les côtelettes dans le panier du robot avec un peu d'huile et faites cuire 15 minutes à 170 °C.

SERVEZ AVEC UNE SAUCE AUX HERBES FRAÎCHES, AIL, PIMENT DOUX ET HUILE D'OLIVE.

Keftas d'agneau aux épices d'Orient

POUR **4 PERSONNES**
PRÉPARATION : **15 MIN**
CUISSON : **20 MIN**

- **450 g de viande d'agneau hachée**
- **1 oignon**
- **2 gousses d'ail**
- **1 œuf**
- **50 g de fromage frais**
- **15 cl de coulis de tomates**
- **1 cuil. à café de cumin en poudre**
- **1 cuil. à café de paprika en poudre**
- **1 cuil. à café de curcuma en poudre**
- **1 cuil. à café de gingembre en poudre**
- **½ botte de coriandre fraîche**
- **1 cuil. à soupe d'huile d'olive**
- **Sel et poivre**

1 Pelez et hachez l'oignon et les gousses d'ail ainsi que la coriandre fraîche (réservez quelques feuilles pour la décoration).

2 Mélangez la viande avec l'oignon, l'ail et les épices, puis ajoutez le fromage frais et l'œuf. Salez et poivrez puis façonnez des boulettes de la taille d'une noix.

3 Déposez les boulettes dans le fond du panier avec un peu d'huile sans les superposer et faites cuire 20 minutes à 170 °C.

4 Cinq minutes avant la fin de la cuisson, ajoutez le coulis de tomates, mélangez bien le tout et terminez la cuisson.

5 Servez chaud parsemé de coriandre fraîche.

VOUS POUVEZ RÉALISER UNE SAUCE TOMATE POUR ACCOMPAGNER LES KEFTAS.

Porc pané à la japonaise (tonkatsu)

POUR **4 PERSONNES**
PRÉPARATION : **10 MIN**
CUISSON : **15 MIN**
PAR FOURNÉE

- **4 tranches de filet de porc**
- **160 g de panure panko**
- **40 g de farine**
- **2 œufs**
- **1 cuil. à soupe de sauce soja salée**
- **Huile de tournesol**

Pour la sauce

- **2 cuil. à soupe de sauce Worcestershire**
- **1 cuil. à soupe de coulis de tomates**
- **1 cuil. à soupe de graines de sésame**

1 Faites de petites entailles à plusieurs endroits sur les escalopes pour qu'elles conservent leur forme en cuisant, puis recouvrez-les de farine.

2 Battez les œufs avec la sauce soja dans un bol puis trempez-y le porc avant de l'enrober de panure panko.

3 Déposez 2 escalopes dans le panier légèrement huilé du robot et faites cuire 15 minutes à 180 °C, en les retournant à mi-cuisson. Procédez de la même façon pour les 2 escalopes restantes.

4 Préparez la sauce en mélangeant la sauce Worcestershire avec le coulis de tomates et les graines de sésame.

5 Une fois que les escalopes sont cuites, coupez-les en tranches et nappez-les avec la sauce.

LA PANURE PANKO EST UNE PANURE JAPONAISE À BASE DE PAIN BLANC QUI APPORTE ENCORE PLUS DE CROUSTILLANT.

Travers de porc marinés à la provençale

POUR **4 PERSONNES**
PRÉPARATION : **10 MIN**
CUISSON : **35 MIN**
MARINADE : **2 H**

- **2 travers de porc entiers**
- **1 poivron vert**
- **1 oignon**
- **3 cuil. à soupe d'herbes de Provence**
- **3 cuil. à soupe de concentré de tomate**
- **3 cuil. à soupe de miel liquide**
- **1 cuil. à soupe d'huile d'olive**
- **Sel et poivre**

1 Dans un plat, mettez les herbes de Provence, ajoutez le miel, l'huile et le concentré de tomate, salez et poivrez.

2 Découpez le poivron en petits dés et émincez finement l'oignon. Coupez les travers en morceaux.

3 Ajoutez dans la marinade les morceaux de porc, les poivrons et l'oignon. Couvrez d'un film alimentaire et réservez au frais pendant 2 heures.

4 Déposez les travers dans le panier du robot puis arrosez de marinade et faites cuire 35 minutes à 160 °C.

Servez avec une salade de tomates coupées en tout petits dés arrosés de jus de citron et de quelques gouttes de Tabasco®.

Filet mignon aux pêches et aux noix

POUR **4 PERSONNES**
PRÉPARATION : **10 MIN**
CUISSON : **25 MIN**

- 1 filet mignon
- 4 oreillettes de pêche fraîche ou au sirop selon la saison
- 2 cuil. à soupe de miel
- 4 gousses d'ail en chemise
- 15 cerneaux de noix
- 3 branches de thym
- Sel et poivre

1 Coupez le filet mignon en tranches de 5 cm d'épaisseur. Salez et poivrez.

2 Dans le panier du robot, mettez les tranches de filet mignon, les gousses d'ail, les oreillettes de pêche, le thym et arrosez du miel.

3 Faites cuire 25 minutes à 160 °C, puis ajoutez les noix pour servir.

SI VOUS AVEZ LE TEMPS, POUR ENCORE PLUS DE SAVEURS, FAITES MARINER LE FILET MIGNON AVEC LE MIEL, LE THYM ET L'AIL PENDANT 2 HEURES.

Travers de porc barbecue

POUR **4 PERSONNES**
PRÉPARATION : **10 MIN**
CUISSON : **35 MIN**
MARINADE : **6 H MINI**

- **2 travers de porc entiers**
- **4 gousses d'ail**
- **20 cl de vin blanc**
- **6 cuil. à soupe de sauce soja**
- **4 cuil. à soupe de ketchup**
- **4 cuil. à soupe de miel liquide**
- **3 branches de thym**
- **Sel et poivre**

1 Pelez et hachez l'ail. Dans un plat, mettez l'ail, puis ajoutez le vin, le ketchup, la sauce soja, le miel liquide et le thym. Mélangez bien.

2 Découpez les travers de porc en morceaux, mettez-les dans la marinade, salez et poivrez et couvrez bien tous les morceaux de marinade. Filmez le plat et réservez au frais pendant 6 heures minimum.

3 Déposez les travers dans le panier du robot, puis arrosez-les de la marinade et faites-les cuire 35 minutes à 160 °C.

VOUS POUVEZ FAIRE MARINER DE LA MÊME FAÇON UN FILET MIGNON DE PORC ET LE CUIRE DANS LA FRITEUSE COUPÉ EN TRANCHES.

Porc au caramel et noix de cajou

POUR **4 PERSONNES**
PRÉPARATION : **10 MIN**
CUISSON : **30 MIN**

- **500 g de sauté de porc**
- **1 oignon jaune**
- **1 cive**
- **3 cuil. à soupe de noix de cajou**
- **2 cuil. à soupe de miel liquide**
- **2 cuil. à soupe de nuoc-mâm**
- **1 cuil. à soupe de sésame**
- **1 cuil. à soupe de sauce soja salée**
- **1 cuil. à café de Maïzena®**
- **1 cuil. à soupe d'huile de sésame**
- **Poivre**

1. Découpez le porc en dés. Pelez l'oignon et coupez-le en fines lamelles. Ciselez la cive.
2. Préparez une marinade en mélangeant le miel, la sauce nuoc-mâm et la sauce soja ainsi que la Maïzena®.
3. Placez la viande dans le panier du robot avec un peu d'huile et faites cuire 10 minutes à 180 °C. Ajoutez ensuite l'oignon, les noix de cajou et la marinade et poursuivez la cuisson pour 20 minutes à 180 °C. Ajoutez un peu d'eau si nécessaire.
4. Au moment de servir, ajoutez la cive ciselée et le sésame et poivrez.

Vous pouvez ajouter quelques morceaux d'ananas.

Riz cantonais

POUR **6 PERSONNES**
PRÉPARATION : **10 MIN**
CUISSON : **12 MIN**

- **600 g de riz jasmin cuit**
- **130 g de grains de maïs**
- **130 g de petits pois**
- **100 g chorizo doux**
- **4 œufs**
- **1 carotte**
- **3 ciboules**
- **2 cuil. à soupe de sauce soja salée**
- **1 cuil. à soupe d'huile végétale**
- **Sel et poivre**

1 Épluchez la carotte et coupez-la en petits dés. Coupez le chorizo en petits dés également. Battez les œufs. Émincez les tiges des ciboules.

2 Dans le panier du robot, faites revenir les dés de chorizo pendant 2 minutes à 160 °C, puis ajoutez la carotte et arrosez de sauce soja. Poursuivez la cuisson pour 2 minutes, puis ajoutez le maïs et les petits pois. Videz le panier et réservez la préparation.

3 Mettez l'huile dans le panier, ajoutez le riz cuit et faites cuire 5 minutes à 160 °C. Pendant ce temps, faites revenir les œufs battus en omelette dans une poêle. Remettez les ingrédients ainsi que les œufs dans le panier et faites cuire encore 3 minutes à 160 °C.

4 Versez le contenu du panier dans un plat et ajoutez les ciboules émincées. Salez et poivrez et servez chaud.

DANS CETTE RECETTE, LES ŒUFS IMPRÈGNENT COMPLÈTEMENT LE RIZ. SI VOUS SOUHAITEZ AVOIR DES MORCEAUX D'ŒUF, FAITES-LES CUIRE EN OMELETTE À PART ET AJOUTEZ-LES EN FIN DE CUISSON.

Boulettes de riz au jambon

POUR **2 PERSONNES**
PRÉPARATION : **10 MIN**
CUISSON : **8 MIN**

- **250 g de riz cuit**
- **100 g de parmesan râpé**
- **50 g de chapelure**
- **2 œufs entiers + 1 jaune**
- **2 cuil. à soupe de lait**
- **2 tranches de jambon de pays**
- **1 bouquet de persil plat**
- **1 cuil. à café d'origan**
- **Huile d'olive**
- **Sel et poivre**

1 Hachez le jambon et le persil puis ajoutez-les au riz cuit. Ajoutez les œufs entiers, le parmesan râpé et l'origan.

2 Façonnez des boulettes avec la préparation au riz.

3 Déposez les boulettes dans le panier légèrement huilé du robot et faites cuire 8 minutes à 190 °C.

VOUS POUVEZ MOUILLER VOS MAINS POUR QUE LE RIZ COLLE MOINS AFIN DE FACILITER AINSI LE FAÇONNAGE DES BOULETTES.

Riz frit au chorizo

POUR **6 PERSONNES**
PRÉPARATION : **10 MIN**
CUISSON : **18 MIN**

- **600 g de riz cuit**
- **200 g de chorizo doux**
- **1 oignon rouge**
- **1 poivron vert**
- **1 poivron rouge**
- **1 cuil. à café de paprika en poudre**
- **1 dose de safran**
- **1 cuil. à soupe d'huile d'olive**
- **Sel et poivre**

1 Lavez et épépinez les poivrons. Épluchez l'oignon. Coupez les poivrons et l'oignon rouge en lamelles. Coupez le chorizo en morceaux.

2 Versez les poivrons et l'oignon dans le panier légèrement huilé du robot, saupoudrez des épices, salez et poivrez.

3 Faites cuire 8 minutes à 160 °C, puis ajoutez le riz et les morceaux de chorizo et prolongez la cuisson de 10 minutes.

Pour une saveur plus épicée, ajoutez 1 petit piment émincé à la préparation.

Pommes de terre sautées aux lardons

POUR **4 PERSONNES**
PRÉPARATION : **15 MIN**
CUISSON : **25 MIN**

- **1 kg de pommes de terre**
- **400 g de lardons**
- **3 brins de thym**
- **4 gousses d'ail en chemise**
- **Poivre du moulin**

1 Coupez les pommes de terre lavées et séchées en petits dés.

2 Mettez-les dans le panier du robot puis ajoutez le lard, le thym et les gousses d'ail. Poivrez.

3 Faites cuire 25 minutes à 190 °C.

SI VOUS AVEZ DES POMMES DE TERRE CUITES À L'EAU DE LA VEILLE, VOUS POUVEZ RÉALISER LA MÊME RECETTE EN NE CUISANT QUE 10 MINUTES À 180 °C.

Pommes de terre sautées au lard et oignon nouveau

POUR **4 PERSONNES**
PRÉPARATION : **15 MIN**
CUISSON : **25 MIN**

- **1 kg de pommes de terre**
- **400 g de lard en cubes**
- **6 morceaux de tomate séchée**
- **3 brins de thym**
- **1 oignon nouveau**
- **15 g de parmesan**
- **1 cuil. à soupe de sésame**
- **Poivre du moulin**

1 Coupez les pommes de terre lavées et séchées en petits dés.

2 Mettez-les dans le panier puis ajoutez le lard, les tomates séchées et le thym. Poivrez.

3 Faites cuire 25 minutes à 190 °C.

4 Une fois les pommes de terre cuites, ajoutez l'oignon nouveau émincé finement, le sésame et le parmesan en lamelles.

Il n'y a pas besoin de matière grasse puisque le lard l'apporte.

Gâteau de pommes de terre, lomo et raclette

POUR **6 PERSONNES**
PRÉPARATION : **15 MIN**
CUISSON : **30 MIN**

- **6 grosses pommes de terre**
- **100 g de lomo en tranches**
- **250 g de fromage à raclette en tranches**
- **150 g de crème fraîche liquide**
- **2 cuil. à café d'origan**
- **1 poignée de roquette**

1 Tapissez le fond du panier du robot des tranches de lomo.

2 Lavez les pommes de terre et coupez-les en fines lamelles à l'aide d'une mandoline.

3 Recouvrez le lomo d'une couche de lamelles de pomme de terre puis de fromage à raclette et parsemez d'origan. Renouvelez l'opération jusqu'à épuisement des pommes de terre.

4 Versez dessus la crème liquide et faites cuire 30 minutes à 180 °C.

5 Démoulez le gâteau de pommes de terre et ajoutez quelques feuilles de roquette.

Vous pouvez, si vous le souhaitez, utiliser du reblochon à la place du fromage à raclette.

Plats de poisson

Pavés de cabillaud panés aux herbes

POUR **4 PERSONNES**
PRÉPARATION : **15 MIN**
CUISSON : **6 MIN**

- **4 pavés de cabillaud**
- **1 œuf**
- **2 cuil. à soupe de lait**
- **2 cuil. à soupe de farine**
- **1 cuil. à soupe de persil haché**
- **1 cuil. à soupe de ciboulette hachée**
- **1 cuil. à soupe de thym**
- **1 cuil. à soupe d'ail en poudre**
- **Huile neutre**
- **Sel et poivre**

1 Préparez 3 assiettes pour paner les pavés de cabillaud : une avec la farine, une avec l'œuf battu et le lait, une avec les herbes, l'ail, le sel et poivre.

2 Passez les pavés dans la farine, puis dans l'œuf et enfin dans les herbes.

3 Mettez les pavés dans le panier du robot avec un peu d'huile et faites cuire 6 minutes à 170 °C.

VOUS POUVEZ AJOUTER 1 CUILLERÉE À SOUPE DE MOUTARDE À LA PLACE DU LAIT AVEC LES ŒUFS.

Gâteaux de crabe

POUR **6 PERSONNES**
PRÉPARATION : **10 MIN**
CUISSON : **15 MIN**
RÉFRIGÉRATION : **1 H**

- **300 g de chair de crabe fraîche (ou en conserve)**
- **2 gros œufs**
- **2 oignons nouveaux hachés**
- **½ poivron rouge coupé en petits dés**
- **3 cuil. à soupe de farine**
- **2 cuil. à soupe de persil haché finement**
- **2 cuil. à soupe de mayonnaise**
- **2 cuil. à soupe de sauce Worcestershire**
- **1 cuil. à café de moutarde de Dijon**
- **Huile d'olive**
- **Quelques rondelles de citron pour le service**
- **Poivre du moulin**

1 Dans un saladier, battez les œufs en omelette puis ajoutez la mayonnaise, la farine, la sauce Worcestershire et le persil, puis poivrez.

2 Dans une sauteuse, faites suer avec un peu d'huile d'olive les dés de poivron et les oignons nouveaux pendant 5 minutes puis ajoutez-les à la préparation précédente. Pour finir, ajoutez le crabe bien égoutté et poivrez.

3 Formez avec les mains 6 gâteaux de taille identique puis réservez-les au réfrigérateur pendant 1 heure.

4 Déposez les gâteaux de crabe dans le panier du robot avec un peu d'huile et faites cuire 10 minutes à 190 °C.

5 Servez avec des rondelles de citron.

Mini-pastillas aux fruits de mer

POUR **4 PERSONNES**
PRÉPARATION : **20 MIN**
CUISSON : **35 À 40 MIN**

- **8 feuilles de brick**
- **500 g de fruits de mer frais ou surgelés**
- **3 oignons**
- **1 citron vert**
- **100 g d'amandes concassées finement**
- **50 g de beurre fondu**
- **½ bouquet de coriandre + quelques feuilles pour la décoration**
- **1 cuil. à soupe de sucre glace**
- **2 cuil. à café de gingembre en poudre**
- **2 cuil. à café de cannelle en poudre + un peu pour servir**
- **1 cuil. à café de ras el-hanout**
- **Huile d'olive**

1 Pelez et émincez finement les oignons. Pressez le citron vert et hachez finement la coriandre.

2 Versez les oignons, le jus de citron, la coriandre et les épices dans le panier légèrement huilé du robot et faites cuire 10 minutes à 180 °C. Ajoutez les fruits de mer et poursuivez la cuisson pour 15 minutes à 180 °C. Pendant ce temps, faites dorer à la poêle les amandes concassées.

3 Prenez un cercle de 10 cm de diamètre. Découpez les feuilles de brick de manière à ce qu'elles dépassent du cercle de 2 cm. Mettez la première feuille dans le cercle et beurrez-la à l'aide d'un pinceau.

4 Déposez dans le fond les amandes concassées puis ajoutez un quart de la préparation aux fruits de mer. Recouvrez d'une deuxième feuille de brick, beurrez-la au pinceau puis rabattez les feuilles vers l'intérieur du cercle pour fermer la pastilla. Procédez de la même façon pour les suivantes.

5 Dans le fond du robot, placez un papier sulfurisé et déposez chaque pastilla côté fermeture vers le bas. Faites cuire 10 à 15 minutes à 190 °C.

6 Une fois cuites, saupoudrez les pastillas de cannelle et de sucre glace.

VOUS POUVEZ AJOUTER SUR LE DESSUS DES AMANDES EFFILÉES, DORÉES À LA POÊLE.

Crevettes sautées au parmesan

POUR **4 PERSONNES**
PRÉPARATION : **20 MIN**
CUISSON : **11 MIN**
MARINADE : **15 MIN**

- **600 g de crevettes cuites**
- **2 cuil. à soupe de parmesan en poudre**
- **2 cm de gingembre frais**
- **1 échalote**
- **2 cuil. à soupe de chapelure**
- **1 cuil. à soupe de persillade**
- **Huile d'olive**
- **Sel et poivre du moulin**

1 Décortiquez les crevettes. Pelez et ciselez la moitié de l'échalote et tranchez l'autre moitié en fines lamelles. Pelez et hachez finement le gingembre. Laissez mariner pendant 15 minutes les crevettes avec le gingembre et l'échalote hachée.

2 Placez les crevettes avec les échalotes en lamelles dans le panier du robot légèrement huilé et faites cuire 7 minutes à 190 °C. Salez et poivrez, ajoutez le parmesan, la chapelure et la persillade et poursuivez la cuisson 4 minutes à 190 °C.

Vous pouvez servir ces crevettes en mode tapas lors d'un apéritif : dans ce cas, laissez la queue.

Rougets frits à la sauce verte

POUR **4 PERSONNES**
PRÉPARATION : **10 MIN**
CUISSON : **8 À 10 MIN PAR FOURNÉE**

- **12 rougets écaillés et vidés**
- **40 g de farine**
- **2 citrons verts**
- **Huile d'olive**
- **Sel et poivre**

Pour la sauce

- **1 gousse d'ail**
- **1 oignon nouveau**
- **Le jus de 1 citron**
- **2 cuil. à soupe d'huile d'olive**

1 Enrobez chaque rouget avec la farine, le sel et le poivre.

2 Déposez la moitié des rougets sans qu'ils se chevauchent dans le panier du robot légèrement huilé. Faites cuire 8 à 10 minutes à 190 °C. Réservez et procédez à la cuisson des rougets restants.

3 Pendant ce temps, préparez la sauce. Épluchez et hachez finement l'ail et l'oignon puis ajoutez l'huile d'olive et le jus de citron. Mélangez bien.

4 Servez les rougets frits avec quelques quartiers de citron vert et la sauce verte.

VOUS POUVEZ RÉALISER LA RECETTE AVEC DES ROUGETS SURGELÉS. AJOUTEZ ÉVENTUELLEMENT DES HERBES CISELÉES À LA SAUCE (½ BOUQUET DE PERSIL ET ½ BOUQUET DE BASILIC).

Saumon pané au sésame et au miel

POUR **4 PERSONNES**
PRÉPARATION : **10 MIN**
CUISSON : **10 MIN**

- **4 pavés de saumon sans la peau**
- **4 cui. à soupe de sésame doré**
- **2 cuil. à soupe de miel**
- **Huile de sésame**
- **Sel et poivre du moulin**

1 À l'aide d'un pinceau, enduisez de miel chaque pavé de saumon sur toutes les faces.

2 Mettez le sésame dans une assiette puis trempez-y les pavés et recouvrez-les bien de graines.

3 Déposez les pavés de saumon dans le panier du robot légèrement huilé et faites cuire 5 minutes à 190 °C puis retournez les pavés. Poursuivez la cuisson pendant 5 minutes à 190 °C sur l'autre face.

VARIEZ LES PLAISIRS EN UTILISANT DU DOS DE CABILLAUD.

Pavés de cabillaud panure fromagère

POUR **4 PERSONNES**
PRÉPARATION : **10 MIN**
CUISSON : **6 MIN**

- **4 pavés de cabillaud**
- **2 cuil. à soupe de concentré de tomate**
- **50 g de chapelure**
- **50 g de parmesan râpé**
- **50 g de cheddar râpé**
- **Huile neutre**

1 Réalisez la panure en mélangeant la chapelure, le parmesan et le cheddar.

2 Badigeonnez avec un pinceau les filets de concentré de tomate puis recouvrez-les de panure.

3 Placez les pavés dans le panier légèrement huilé du robot et faites cuire 6 minutes à 190 °C.

Réalisez cette recette avec des crevettes ou un autre poisson blanc.

Crevettes sautées, coco et échalotes

POUR **4 PERSONNES**
PRÉPARATION : **10 MIN**
CUISSON : **15 MIN**

- **1 kg de crevettes roses cuites décortiquées**
- **5 cl de lait de coco**
- **3 échalotes**
- **Les zestes et le jus de 1 citron vert**
- **3 blancs de poireaux fins**
- **2 cuil. à soupe de coco râpée**
- **1 dose de safran**
- **½ bouquet de coriandre fraîche**
- **Huile d'olive**
- **Sel et poivre du moulin**

1 Pelez les échalotes et coupez-les en lamelles. Hachez la coriandre (réservez quelques feuilles pour le dressage). Lavez les poireaux et coupez-les en rondelles. Décortiquez les crevettes.

2 Déposez dans le panier légèrement huilé du robot les échalotes et les poireaux. Faites cuire 5 minutes à 200 °C, puis ajoutez les crevettes, les zestes et le jus de citron, le safran et arrosez de lait de coco. Rectifiez l'assaisonnement et poursuivez la cuisson 10 minutes à 180 °C.

3 Servez en parsemant de coriandre fraîche et de coco râpée.

Vous pouvez réaliser cette recette avec du poisson blanc type cabillaud.

Nouilles nature à la thaïe

POUR **4 PERSONNES**
PRÉPARATION : **15 MIN**
CUISSON : **14 MIN**

- **450 g de nouilles de riz thaïlandaises**
- **12 crevettes**
- **1 botte d'oignons nouveaux**
- **2 œufs battus**
- **4 gousses d'ail émincées**
- **3 poignées de germes de soja**
- **1 poignée de cacahuètes**
- **1 piment frais rouge émincé finement**
- **½ botte de coriandre fraîche**
- **2 cuil. à café de gingembre en poudre**
- **Huile végétale**
- **2 citrons verts pour le service**

Pour la sauce

- **15 cl de bouillon de légumes**
- **4 cuil. à soupe de sauce nuoc-mâm**
- **2 cuil. à soupe de pâte de sésame**
- **2 cuil. à soupe de sauce soja**
- **Poivre du moulin**

1 Portez une grande casserole d'eau à ébullition. Hors du feu, ajoutez les nouilles et faites tremper 3 à 4 minutes. Égouttez et rincez abondamment à l'eau froide puis réservez.

2 Dans un petit bol ou une tasse, mélangez tous les ingrédients de la sauce.

3 Mettez dans le panier du robot légèrement huilé les oignons émincés (réservez les tiges pour le service), l'ail, le gingembre et le piment finement émincé. Faites cuire 2 minutes à 180 °C. Ajoutez les crevettes et poursuivez la cuisson 2 à 3 minutes, ou jusqu'à ce que les crevettes soient roses. Ajoutez les œufs battus et poursuivez la cuisson pour 1 minute, puis ajoutez les nouilles et la sauce. Terminez la cuisson pendant 8 minutes.

4 Sortez les nouilles du panier et mettez-les dans un plat de service. Incorporez les germes de soja et ajustez l'assaisonnement si nécessaire.

5 Parsemez les nouilles des tiges d'oignon ciselées, de la coriandre ciselée, de cacahuètes concassées et servez avec des quartiers de citron vert.

Vous pouvez remplacer les crevettes par des aiguillettes de poulet.

Petits poissons frits à l'italienne

POUR **4 PERSONNES**
PRÉPARATION : **10 MIN**
CUISSON : **10 MIN PAR FOURNÉE**

- **600 g de mini-poissons type éperlan, frais ou surgelés**
- **100 g de farine**
- **2 citrons coupés en quartiers**
- **Huile neutre**
- **Sel et poivre**

1 Rincez les poissons sous l'eau froide puis épongez-les avec du papier absorbant.

2 Dans une grande assiette, mettez la farine et enrobez-en les poissons. Réalisez l'opération en trois fois pour que tous les poissons soient bien farinés.

3 Préchauffez l'appareil avec l'huile à 190 °C.

4 Déposez un tiers des poissons dans le panier du robot sans qu'ils se chevauchent. Faites cuire 10 minutes à 190 °C. Salez et poivrez. Procédez de la même manière avec le reste des poissons.

5 Servez chaud avec les quartiers de citron.

VOUS POUVEZ SERVIR AVEC UNE PETITE SAUCE AU CITRON ET AU BASILIC ET 1 FILET D'HUILE D'OLIVE.

Cubes de saumon marinés panés et coco

POUR **4 PERSONNES**
PRÉPARATION : **15 MIN**
CUISSON : **8 MIN**
MARINADE : **15 MIN**

- **4 pavés de saumon**
- **Le jus de 2 citrons**
- **1 gousse d'ail hachée**
- **1 œuf**
- **3 cuil. à soupe de noix de coco râpée**
- **2 cuil. à soupe de lait**
- **2 cuil. à soupe de farine de coco**
- **1 cuil. à soupe de miel**
- **Huile de coco**

1 Coupez les pavés de saumon en cubes puis faites-les mariner dans le jus de citron avec l'ail haché et le miel pendant 15 minutes.

2 Préparez 3 assiettes pour paner le saumon : une avec la farine, une avec l'œuf battu et le lait, une avec la coco râpée.

3 Passez les cubes dans la farine puis dans l'œuf et enfin dans la coco râpée.

4 Mettez les cubes de saumon avec un peu d'huile de coco dans le panier du robot et faites cuire 8 minutes à 190 °C.

DÉGUSTEZ CHAUD OU FROID AVEC UNE SALADE DE JEUNES POUSSES ET DU QUINOA.

Poissons frits à la martiniquaise

POUR **4 PERSONNES**
PRÉPARATION : **15 MIN**
CUISSON : **15 À 20 MIN**
MARINADE : **6 H**

- **2 dorades vidées et écaillées**
- **4 oignons épluchés**
- **2 gousses d'ail**
- **10 cl de vinaigre**
- **Le jus de 2 citrons**
- **3 cuil. à soupe de farine**
- **Huile d'olive**
- **Sel et poivre**

1 Faites mariner les dorades 6 heures avec le vinaigre, le jus de citron et l'ail pelé et haché.

2 Essuyez les dorades et enrobez-les de farine.

3 Déposez les dorades entières sans qu'elles se chevauchent sur la grille légèrement huilée de l'appareil et faites cuire 15 à 20 minutes à 190 °C.

4 Pendant ce temps, faites revenir à la poêle avec un filet d'huile les oignons coupés en lamelles, 5 minutes, jusqu'à ce qu'ils soient translucides. Salez et poivrez.

5 Servez avec le poisson.

Vous pouvez utiliser également des filets de poisson. Faites cuire quelques pommes de terre à l'eau et servez-les avec le poisson.

Plats veggies & accompagnements

Pommes de terre en robe des champs à l'ail

POUR **4 PERSONNES**
PRÉPARATION : **5 MIN**
CUISSON : **35 MIN**

- **4 grosses pommes de terre**
- **4 gousses d'ail en chemise**
- **4 branches de thym**
- **Sel et poivre du moulin**

1 Lavez les pommes de terre et fendez-les au milieu.

2 Placez 1 gousse d'ail écrasée et 1 tige de thym dans chaque fissure. Salez et poivrez puis enveloppez les pommes de terre de papier aluminium et placez-les sur la grille de l'appareil.

3 Faites cuire 35 minutes à 180 °C.

PRÉPAREZ UNE SAUCE POUR ACCOMPAGNER LES POMMES DE TERRE. MÉLANGEZ 3 CUILLERÉES À SOUPE DE CRÈME FRAÎCHE ÉPAISSE, 1 CUILLERÉE À SOUPE DE MOUTARDE ET QUELQUES BRINS DE CIBOULETTE CISELÉE.

Falafels

POUR **20 FALAFELS**
PRÉPARATION : **20 MIN**
CUISSON : **12 À 15 MIN**

- **200 g de pois chiches en boîte égouttés**
- **1 cuil. à soupe de pâte de sésame**
- **1 échalote**
- **Le jus de 1 citron jaune**
- **2 cuil. à soupe de farine de pois chiches ou de blé**
- **1 cuil. à café de cumin en poudre**
- **1 cuil. à café de curry en poudre**
- **1 cuil. à café de curcuma en poudre**
- **Huile de sésame**

1 Pelez l'échalote et coupez-la grossièrement en morceaux.

2 Dans le bol d'un mixeur, mettez les pois chiches, l'échalote, le jus de citron, la pâte de sésame, les épices et le persil et mixez pour obtenir une pâte.

3 Façonnez 20 boulettes avec les mains puis roulez-les dans la farine.

4 Disposez les falafels sur la grille légèrement huilée de l'appareil et faites cuire 12 à 15 minutes à 190 °C.

SERVEZ AVEC UNE SAUCE BLANCHE. MÉLANGEZ 3 CUILLERÉES À SOUPE DE FROMAGE BLANC AVEC LE JUS DE 1 CITRON ET QUELQUES FEUILLES DE PERSIL HACHÉ, PUIS SALEZ ET POIVREZ. AU MOMENT DE DÉGUSTER, SAUPOUDREZ LES FALAFELS DE GRAINES DE SÉSAME ET SERVEZ AVEC LA SAUCE.

Chou-fleur rôti au curry

POUR **4 PERSONNES**
PRÉPARATION : **10 MIN**
CUISSON : **25 MIN**

- **1 chou-fleur**
- **1 cuil. à soupe de pâte de curry rouge**
- **1 cuil. à café de curry en poudre**
- **1 cuil à café d'ail en poudre**
- **1 cuil. à soupe d'huile d'olive**
- **Sel et poivre du moulin**

1 Faites précuire à la vapeur le chou-fleur pendant 10 minutes. Détaillez ensuite le chou-fleur en fleurettes.

2 Délayez la pâte de curry avec 1 cuillerée à soupe d'eau tiède et badigeonnez les fleurettes de cette préparation à l'aide d'un pinceau, puis saupoudrez de curry en poudre et d'ail. Salez et poivrez.

3 Déposez les fleurettes de chou-fleur dans le panier du robot légèrement huilé et faites cuire 15 minutes à 180 °C.

SI VOUS EN TROUVEZ, VOUS POUVEZ RÉALISER LA RECETTE AVEC DES CHOUX-FLEURS DE DIFFÉRENTES COULEURS.

Pois chiches au parmesan

POUR **4 PERSONNES**
PRÉPARATION : **10 MIN**
CUISSON : **15 MIN**

- **500 g de pois chiches en boîte égouttés**
- **80 g de parmesan râpé + quelques copeaux pour la décoration**
- **2 gousses d'ail émincées**
- **1 bouquet de coriandre**
- **1 cuil. à soupe d'huile d'olive**
- **Sel et poivre**

1 Mettez dans le panier du robot l'huile d'olive, les pois chiches, le parmesan râpé et l'ail émincé.

2 Faites cuire 15 minutes à 190 °C, en mélangeant toutes les 5 minutes, puis ajoutez la moitié de la coriandre ciselée, salez, poivrez 5 minutes avant la fin de la cuisson.

3 Pour le dressage, ajoutez quelques copeaux de parmesan et le reste de la coriandre ciselée.

SERVEZ AVEC UNE SALADE DE JEUNES POUSSES ET ACCOMPAGNEZ D'UNE VIANDE BLANCHE.

Œufs mollets frits

POUR **4 PERSONNES**
PRÉPARATION : **15 MIN**
CUISSON : **10 MIN**

- **6 œufs**
- **100 g de chapelure**
- **50 g de farine**
- **1 cuil. à soupe d'huile neutre**

1 Dans une casserole d'eau bouillante, faites cuire 4 œufs pendant 5 minutes. Écalez-les très délicatement.

2 Roulez ensuite les œufs dans la farine puis trempez-les dans un bol contenant les œufs restants battus et enrobez-les de chapelure.

3 Déposez les œufs panés dans le panier légèrement huilé du robot et faites cuire 5 minutes à 190 °C.

SERVEZ ACCOMPAGNÉ DE JEUNES POUSSES AVEC 1 TRAIT D'HUILE D'OLIVE ET DE VINAIGRE BALSAMIQUE ET 1 TOAST.

Poêlée de butternut, coriandre et amandes

POUR **4 PERSONNES**
PRÉPARATION : **15 MIN**
CUISSON : **20 MIN**

- **2 butternuts**
- **1 bouquet de coriandre**
- **60 g d'amandes effilées**
- **2 cuil. à soupe de miel**
- **2 cuil. à soupe de graines de courge**
- **1 cuil. à café de cumin en poudre**
- **1 cuil. à café de curry en poudre**
- **1 cuil. à soupe d'huile de noisette**

1 Enlevez la peau et les pépins des butternuts puis coupez-les en dés de taille moyenne. Hachez la coriandre.

2 Mettez l'huile dans le panier du robot puis ajoutez les dés de butternut, la coriandre, les épices, les amandes et les graines de courge et arrosez de miel.

3 Faites cuire 20 minutes à 180 °C.

Réalisez cette recette en remplaçant la butternut par de la patate douce.

Pommes de terre aux épices

POUR **4 PERSONNES**
PRÉPARATION : **10 MIN**
CUISSON : **35 MIN**

- **600 g de pommes de terre type ratte**
- **3 gousses d'ail pressées**
- **1 échalote ciselée**
- **1 cuil. à café de graines de cumin**
- **1 cuil. à café de paprika fumé en poudre**
- **1 cuil. à café de curryen poudre**
- **1 cuil. à café de graines de coriandre**
- **1 cuil. à soupe d'huile d'olive**
- **Sel et poivre**

1 Lavez les pommes de terre et coupez-les en deux dans la longueur.

2 Dans le panier du robot, mettez les pommes de terre, l'ail, l'échalote et les épices, puis salez et poivrez.

3 Arrosez avec la cuillerée d'huile et faites cuire 35 minutes à 180 °C.

VOUS POUVEZ AJOUTER DES LAMELLES DE POIVRON.

Pointes d'asperges panées, pavot et parmesan

POUR **4 PERSONNES**
PRÉPARATION : **15 MIN**
CUISSON : **16 MIN**

- **2 bottes d'asperges vertes**
- **2 cuil. à soupe de graines de pavot**
- **5 cuil. à soupe de parmesan râpé**
- **2 œufs**
- **½ cuil. à soupe d'huile d'olive**
- **Sel et poivre du moulin**

1 Lavez les asperges et éliminez la partie dure pour ne garder qu'une grande pointe.

2 Dans une casserole d'eau bouillante salée, faites cuire les pointes d'asperge pendant 6 minutes puis égouttez-les et placez-les sur un papier absorbant.

3 Battez les œufs en omelette puis trempez-y les asperges une à une. Roulez-les dans le parmesan puis dans les graines de pavot. Salez et poivrez.

4 Déposez les asperges panées dans le panier légèrement huilé du robot et faites cuire 10 minutes à 190 °C.

DÉGUSTEZ AVEC UNE SAUCE RÉALISÉE AVEC 2 CUILLERÉES À SOUPE DE FROMAGE BLANC, LE JUS DE 1 CITRON, DU SEL ET DU POIVRE.

Plaisirs sucrés

Pop-corn caramel

POUR **4 PERSONNES**
PRÉPARATION : **15 MIN**
CUISSON : **12 MIN**

- **125 g de grains de maïs**
- **100 g de sucre roux**
- **1 cuil. à soupe d'huile neutre**

1 Tapissez le robot de papier sulfurisé et placez les grains de maïs dedans. Versez un peu d'huile, mélangez et refermez le papier sans serrer avec de la ficelle alimentaire pour obtenir une papillote. Le maïs doit avoir la place d'éclater.

2 Faites cuire 10 minutes à 180 °C.

3 Lorsque tous les grains ont éclaté, ouvrez l'appareil et la papilotte le temps de préparer le caramel.

4 Dans une casserole, faites caraméliser le sucre roux. Lorsqu'il a une couleur brune, versez-le sur les grains de maïs éclatés et mettez l'appareil en marche 2 minutes à 190 °C pour que tous les grains s'imprègnent du caramel. Dégustez.

À LA PLACE DU CARAMEL, AJOUTEZ DU CHOCOLAT FONDU ET MÉLANGEZ BIEN.

Gâteau léger vanille aux morceaux de chocolat praliné

POUR **6 PERSONNES**
PRÉPARATION : **15 MIN**
CUISSON : **30 MIN**

- **300 g de farine avec levure incorporée ou avec 7 g de levure chimique**
- **280 g de sucre en poudre**
- **175 g de yaourt à la vanille**
- **170 g de beurre demi-sel fondu**
- **100 g de chocolat praliné**
- **3 œufs**
- **50 g de mascarpone**
- **20 g de noisettes entières**

1 Séparez les blancs des jaunes d'œufs. Dans un saladier, mettez le beurre fondu, puis le yaourt et le mascarpone. Ajoutez ensuite le sucre et les jaunes d'œufs et enfin la farine. Mélangez entre chaque ajout.

2 Battez les blancs en neige puis ajoutez-les au mélange précédent en trois fois, délicatement.

3 Versez dans un plat tapissé de papier sulfurisé adapté à la taille du robot. Enfoncez le chocolat praliné coupé en carrés et les noisettes dans la pâte. Faites cuire 30 minutes à 180 °C. N'hésitez pas à baisser la température pour les 10 dernières minutes si le gâteau brunit de trop.

4 Démoulez.

VOUS POUVEZ AJOUTER DE L'EXTRAIT DE VANILLE OU UNE GOUSSE DE VANILLE GRATTÉE POUR PARFUMER DAVANTAGE LE GÂTEAU.

Beignets au sirop d'érable fourrés chocolat

POUR **15 BEIGNETS**
PRÉPARATION : **20 MIN**
CUISSON : **6 MIN PAR FOURNÉE**
REPOS : **4 H**

- **450 g de farine**
- **15 cl de lait tiède**
- **30 g de sucre en poudre + 2 cuil. à soupe pour la décoration**
- **30 g de beurre mou**
- **2 cuil. à soupe de sirop d'érable**
- **15 carrés de chocolat au lait**
- **1 sachet de levure de boulanger**
- **Huile de pépins de raisin ou huile neutre**

1 Dans un bol, réhydratez la levure avec le lait tiède (pas bouillant surtout). Dans le bol d'un robot muni du crochet, mettez la farine, le sucre, le sirop d'érable et le beurre mou. Commencez à pétrir puis ajoutez le mélange lait-levure progressivement. Pétrissez pendant 10 à 15 minutes. Couvrez la pâte avec un linge humide et laissez pousser pendant 3 heures.

2 Dégazez la pâte avec le poing puis formez 15 petites boules de taille identique. Couvrez de nouveau et laissez pousser 1 heure.

3 Au centre de chaque boule ajoutez 1 carré de chocolat.

4 Déposez ensuite les beignets dans le panier légèrement huilé du robot et faites cuire 6 minutes à 200 °C. Retournez les beignets à mi-cuisson. Renouvelez l'opération jusqu'à épuisement des beignets.

5 Saupoudrez les beignets de sucre et dégustez chaud.

POUR PLUS DE GOURMANDISE, NAPPEZ LES BEIGNETS DE CHOCOLAT AU LAIT PÂTISSIER FONDU.

Boules de Berlin

POUR **6 PERSONNES**
PRÉPARATION : **15 MIN**
CUISSON : **5 À 6 MIN**
REPOS : **2 H 10**

- **500 g de farine**
- **25 cl de lait tiède**
- **30 g de sucre en poudre**
- **2 jaunes d'œufs**
- **2 cuil. à soupe d'huile de pépins de raisin**
- **28 g de levure de boulanger fraîche**
- **½ cuil. à café de sel**
- **Huile neutre**
- **Sucre glace**

1 Diluez la levure dans quelques cuillerées de lait tiède et laissez reposer 10 minutes.

2 Dans le bol d'un robot, versez le sel, la farine, le sucre, les jaunes d'œufs et l'huile de pépins de raisin. Pétrissez pour mélanger les ingrédients. Ajoutez peu à peu le lait puis le mélange levure-lait et pétrissez pendant 10 minutes. Formez une boule et recouvrez-la d'un torchon propre. Laissez pousser pendant 1 heure.

3 Étalez la pâte au rouleau et formez des boules plus petites qu'une noix. Laissez à nouveau pousser pendant 1 heure.

4 Déposez les boules dans le panier légèrement huilé du robot et faites cuire 5 à 6 minutes à 200 °C. N'hésitez pas à secouer le panier à mi-cuisson.

5 Roulez les boules encore chaudes dans du sucre glace.

VOUS POUVEZ AUSSI ENROBER LES BOULES DE BERLIN AVEC UN MÉLANGE DE SUCRE ET DE CANNELLE.

Fraises rôties, miel, amandes et basilic

POUR **4 PERSONNES**
PRÉPARATION : **5 MIN**
CUISSON : **5 MIN**

- **600 g de grosses fraises**
- **100 g de miel de fleurs**
- **1 poignée d'amandes effilées**
- **Le jus et les zestes de 1 citron vert**
- **2 branches de basilic**

1 Déposez les fraises lavées et équeutées sur du papier sulfurisé dans le panier du robot.

2 Arrosez du jus de citron puis ajoutez le miel et les amandes effilées ainsi que le basilic haché (gardez quelques feuilles pour la décoration).

3 Faites cuire 5 minutes à 180 °C.

4 Dressez ensuite les fraises dans des assiettes individuelles puis ajoutez les zestes de citron vert et quelques feuilles de basilic. Dégustez tiède.

SERVEZ AVEC UNE CHANTILLY MAISON AU MIEL.

Cinnamon rolls

POUR **9 PERSONNES**
PRÉPARATION : **30 MIN**
CUISSON : **20 À 25 MIN**
REPOS : **3 H 20**

Pour la pâte

- **400 g de farine T55 + un peu pour le plan de travail**
- **15 cl de lait tiède**
- **50 g de sucre en poudre**
- **50 g de beurre fondu demi-sel**
- **1 œuf**
- **1 cuil. à café de levure de boulanger**
- **1 pincée de sel**

Pour la garniture

- **100 g de beurre doux mou**
- **60 g de cassonade**
- **2 cuil. à café de cannelle en poudre**

Pour le glaçage

- **80 g de yaourt à la grecque**
- **50 g de sucre glace**
- **1 cuil. à soupe de jus de citron**

1 Réhydratez la levure en la diluant avec le lait tiède puis laissez reposer 5 à 6 minutes. Dans le bol d'un robot muni du crochet, mettez la farine, le sucre, le beurre fondu et la pincée de sel. Commencez à pétrir puis ajoutez l'œuf et enfin versez le lait avec la levure progressivement. Pétrissez pendant 15 minutes jusqu'à ce que la pâte se décolle des parois du bol. Couvrez d'un linge humide et laissez pousser pendant 1 h 30.

2 Dégazez la pâte avec le poing puis étalez-la sur le plan de travail fariné pour former un rectangle de 20 à 30 cm. Répartissez le beurre mou sur toute la surface puis saupoudrez de cassonade et de cannelle. Roulez la pâte pour former un grand boudin. Découpez-le en 9 tranches.

3 Garnissez le panier du robot d'une feuille de papier sulfurisé. Déposez les tranches en couronne dans le panier, couvrez, laissez pousser pendant 1 h 30, puis faites cuire 20 à 25 minutes à 180 °C. En milieu de cuisson, faites tourner le papier sulfurisé d'un demi-tour pour permettre une cuisson plus homogène.

4 Pendant ce temps, préparez le glaçage en mélangeant le yaourt à la grecque, le sucre glace et le jus de citron. Démoulez la couronne et versez le glaçage sur les cinnamon rolls. Dégustez tiède.

VOUS POUVEZ AUSSI RÉALISER DES CINNAMON ROLLS INDIVIDUELS EN LES DISPOSANT DANS LE PANIER SANS QU'ILS SE TOUCHENT.

Chaussons aux pommes

POUR **8 CHAUSSONS**
PRÉPARATION : **30 MIN**
CUISSON : **30 MIN**
REPOS : **1 H 30**

Pour la pâte à pizza

- **250 g de farine T55**
- **10 g de levure de boulanger fraîche**
- **1 cuil. à soupe d'huile d'olive**
- **½ cuil. à café de sel**

Pour la garniture

- **2 grosses pommes ou 4 petites**
- **140 g de cassonade**
- **1 cuil. à café d'extrait de vanille**

1 Dans le bol d'un robot muni du crochet, mettez la farine, l'huile d'olive et le sel, puis ajoutez la levure diluée dans 12,5 cl d'eau. Pétrissez pendant 15 minutes puis laissez pousser pendant 1 h 30 sous un linge humide.

2 Pendant ce temps, réalisez la compotée de pommes. Lavez les pommes, épluchez-les et coupez-les en petits cubes. Déposez-les dans le panier du robot et ajoutez la cassonade et l'extrait de vanille. Faites cuire 15 minutes à 180 °C, puis réservez.

3 Une fois que la pâte a doublé de volume, dégazez-la avec le poing et divisez-la en 8 pâtons de taille identique. Étalez chaque pâton en rond et garnissez la moitié de chaque cercle avec 2 cuillerées de pommes caramélisées. Rabattez la pâte pour former un chausson et souder les jointures en appuyant avec la pointe d'un couteau sur le pourtour.

4 Déposez 4 chaussons sur la grille de l'appareil et faites cuire 15 minutes à 180 °C. Renouvelez l'opération pour les 4 autres chaussons.

5 Dégustez tiède.

AJOUTEZ QUELQUES NOIX DE PÉCAN CONCASSÉES AVEC LES POMMES COMPOTÉES.

Bouchées banane-chocolat

POUR **UNE TRENTAINE DE BEIGNETS**
PRÉPARATION : **15 MIN**
CUISSON : **15 MIN PAR FOURNÉE**
REPOS : **2 H 15**

- **650 g de farine blanche + un peu pour le plan de travail**
- **300 g de lait**
- **2 bananes**
- **15 carrés de chocolat noir ou 75 g en pistoles**
- **2 œufs**
- **80 g de sucre de coco**
- **20 g d'huile de sésame**
- **7 g de levure sèche de boulanger**
- **1 cuil. à café de sel**

1 Versez le lait légèrement tiède dans le bol d'un robot muni du crochet puis ajoutez la levure et les œufs. Versez ensuite la farine, le sucre de coco, l'huile et le sel. Pétrissez pendant 10 minutes environ, la pâte doit se détacher du bol. Laissez la pâte pousser pendant 1 h 30 environ en la couvrant d'un torchon humide, elle doit doubler de volume.

2 Dégazez la pâte sur un plan de travail fariné. Façonnez une trentaine de boules. Étalez chaque boule et ajoutez ½ carré de chocolat pâtissier puis 1 rondelle de banane. Refermez et laissez à nouveau pousser les beignets pendant 45 minutes.

3 Déposez la première fournée de beignets dans le panier du robot puis faites cuire 15 minutes à 180 °C. Répétez l'opération pour le reste des beignets.

Vous pouvez remplacer le chocolat par un demi-caramel.

Clémentines rôties au miel et au thym

POUR **4 PERSONNES**
PRÉPARATION : **5 MIN**
CUISSON : **8 MIN**

- **4 grosses clémentines**
- **4 branches de thym**
- **4 cuil. à soupe de miel liquide d'oranger**
- **2 cuil. à soupe d'amandes effilées**

1 Pelez les clémentines et ouvrez-les en quartiers.

2 Déposez-les sur du papier sulfurisé dans le panier du robot. Mettez au centre de chaque clémentine 1 branche de thym, versez sur chaque fruit 1 cuillerée à soupe de miel puis parsemez d'amandes effilées.

3 Faites cuire 8 minutes à 180 °C.

4 Dégustez tiède.

AJOUTEZ DES SUPRÊMES DE PAMPLEMOUSSE ET D'ORANGE POUR UN DESSERT AUX 3 AGRUMES.

Gâteau fromage frais, chocolat et noix de pécan

POUR **6 PERSONNES**
PRÉPARATION : **15 MIN**
CUISSON : **35 MIN**
REPOS : **1 H**

- **250 g de farine**
- **200 g de sucre en poudre**
- **3 œufs**
- **150 g de yaourt nature**
- **100 g de Philadelphia®**
- **100 g de beurre fondu**
- **70 g de chocolat en pistoles**
- **50 g de noix de pécan**
- **½ tablette de chocolat noir pâtissier**
- **1 sachet de levure chimique**

1 Séparez les blancs des jaunes d'œufs. Dans un saladier, mettez le Philadelphia® et le yaourt et détendez le tout avec un fouet. Ajoutez ensuite la farine, la levure, les jaunes d'œufs et le beurre fondu.

2 Battez les blancs au batteur électrique et lorsqu'ils commencent à être mousseux ajoutez le sucre en trois fois. Incorporez délicatement les blancs montés à la préparation précédente puis ajoutez les pistoles de chocolat et les noix de pécan.

3 Versez la préparation obtenue dans un plat tapissé de papier sulfurisé adapté à la taille du robot.

4 Faites cuire 25 minutes à 180 °C, puis 10 minutes à 160 °C. Vérifiez la cuisson à l'aide de la pointe d'un couteau, qui doit ressortir sèche.

5 Démoulez le gâteau une fois refroidi et dégustez avec le chocolat noir fondu, c'est encore plus gourmand !

Vous pouvez ajouter dans l'appareil à gâteau une poire coupée en morceaux pour une touche fruitée.

Brownie chocolat au lait

POUR **6 PERSONNES**
PRÉPARATION : **10 MIN**
CUISSON : **20 À 25 MIN**
REPOS : **1 H**

- **4 œufs**
- **200 g de beurre demi-sel**
- **200 g de chocolat de couverture au lait**
- **200 g de sucre en poudre**
- **130 g de noix de pécan**
- **100 g de farine**

1 Faites fondre le chocolat au bain-marie puis ajoutez le beurre coupé en dés et remuez jusqu'à ce qu'il soit entièrement fondu. Laissez tiédir.

2 Dans un saladier, blanchissez les œufs et le sucre au fouet. Incorporez le chocolat encore tiède en mélangeant au fouet. Ajoutez ensuite la farine tamisée puis les noix de pécan concassées.

3 Versez la préparation dans un plat tapissé de papier sulfurisé adapté à la taille du robot et faites cuire 20 à 25 minutes à 180 °C.

4 Attendez que le brownie ait refroidi avant de le démouler.

DÉGUSTEZ AVEC UNE BOULE DE GLACE VANILLE NOIX DE PÉCAN.

Brownie chocolat blanc

POUR **6-8 PERSONNES**
PRÉPARATION : **10 MIN**
CUISSON : **20 MIN**

- **3 œufs**
- **200 g de chocolat blanc à dessert**
- **100 g de beurre + un peu pour les moules**
- **100 g de sucre muscovado**
- **80 g de noisettes concassées grossièrement**
- **60 g de farine + un peu pour les moules**

1 Faites fondre le chocolat blanc au bain-marie. Ajoutez le beurre coupé en dés et mélangez jusqu'à ce qu'il soit fondu. Ajoutez les noisettes.

2 Blanchissez les œufs avec le sucre puis ajoutez la farine tamisée et mélangez bien. Ajoutez l'appareil au chocolat blanc.

3 Versez la préparation dans des moules individuels beurrés et farinés. Placez-les dans le panier du robot et faites cuire 20 minutes à 180 °C.

4 Attendez que les brownies aient refroidi avant de le démouler.

Vous pouvez ajouter des carrées de chocolat blanc entier dans la préparation et quelques noisettes entières sur le dessus.

Chantecler rôtie

POUR **2 PERSONNES**
PRÉPARATION : **5 MIN**
CUISSON : **12 À 15 MIN**

- **1 pomme chantecler**
- **1 citron vert**
- **2 cuil. à soupe de miel d'oranger**
- **1 poignée de noisettes concassées**
- **1 pincée de cannelle en poudre**

1 Lavez et évidez la pomme puis coupez-la en tranches de 1 cm d'épaisseur. Coupez le citron en rondelles.

2 Déposez les tranches de pomme dans le panier du robot tapissé de papier sulfurisé et sur chacune mettez une rondelle de citron, puis arrosez de miel et saupoudrez de cannelle et de noisettes concassées.

3 Faites cuire 12 à 15 minutes à 180 °C.

4 Dégustez tiède.

RÉALISEZ CETTE RECETTE EN REMPLAÇANT LA POMME PAR DE LA POIRE. POUR LES PLUS GOURMANDS, AJOUTEZ UNE BOULE DE GLACE VANILLE POUR COMPLÉTER CE DESSERT.

Pommes frites caramel

POUR **6 PERSONNES**
PRÉPARATION : **20 MIN**
CUISSON : **10 MIN PAR FOURNÉE**
REPOS : **30 MIN**

- **3 pommes à cuire**
- **150 g de farine**
- **20 cl de lait**
- **1 cuil. à café de bicarbonate de soude**
- **1 gros œuf**
- **60 g de sucre en poudre + 2 cuil. à soupe**
- **2 cuil. à café de cannelle moulue**
- **1 cuil. à soupe d'huile neutre**
- **1 pincée de sel**

Pour servir

- **Du caramel chaud**

1 Mélangez le lait, l'œuf, la farine, le bicarbonate, 2 cuillerées à soupe de sucre, 1 cuillerée à café de cannelle et le sel dans un grand bol jusqu'à obtenir une pâte homogène. Laissez reposer 30 minutes à température ambiante.

2 Dans un autre récipient, mélangez les 60 g de sucre avec le reste de cannelle et réservez.

3 Pelez les pommes. Découpez-les en quartiers d'environ 1 cm d'épaisseur.

4 Trempez les quartiers de pomme dans la pâte et déposez-les sans qu'ils se chevauchent dans le panier du robot tapissé de papier sulfurisé. Faites cuire 10 minutes à 190 °C. Retournez avec une pince à mi-cuisson. Répétez l'opération pourle reste des pommes.

5 Saupoudrez du mélange sucre-cannelle et servez avec du caramel chaud.

Choisissez des pommes qui se tiennent bien à la cuisson comme la golden du Limousin, la Pink Lady® ou la reine des reinettes.

Brioche perdue

POUR **6 PERSONNES**
PRÉPARATION : **10 MIN**
CUISSON : **6 À 8 MIN**

- **1 brioche de la veille**
- **2 œufs**
- **5 cl de lait**
- **30 g de sucre en poudre**
- **2 cuil. à soupe d'huile de pépins de raisin**

1 Battez les œufs avec le lait puis ajoutez le sucre.

2 Coupez la brioche en 6 tranches épaisses. Trempez-les dans le mélange œuf-lait.

3 Déposez les tranches de brioche dans le panier légèrement huilé du robot. Faites cuire 6 à 8 minutes à 190 °C, en retournant les tranches à mi-cuisson.

4 Servez avec une boule de glace vanille et du caramel au beurre salé.

Brioche à la fleur d'oranger

POUR **6 PERSONNES**
PRÉPARATION : **15 MIN**
CUISSON : **20 MIN**
REPOS : **2 H 55**

- **250 g de farine**
- **6 cl de lait tiède**
- **30 g de beurre fondu**
- **25 g de sucre en poudre**
- **1 œuf**
- **1 gousse de vanille**
- **2 cuil. à soupe d'eau de fleur d'oranger**
- **1 cuil. à café de levure de boulanger**
- **1 cuil. à café de sel**

Pour la dorure et la décoration

- **1 jaune d'œuf**
- **1 cuil. à soupe de lait**
- **2 cuil. à soupe de sucre perle**

1 Dissolvez la levure avec 1 cuillerée à soupe d'eau tiède et 1 cuillerée à café de sucre en poudre et laissez reposer pendant 10 minutes.

2 Dans le bol d'un robot muni du crochet, versez la farine, le sel et le restant du sucre ainsi que les graines récupérées de la gousse de vanille et la fleur d'oranger. Ajoutez le beurre fondu et mélangez pendant 2 minutes, puis ajoutez l'œuf, la levure et le lait tiède petit à petit.

3 Détendez la pâte avec les mains jusqu'à ce qu'elle soit élastique puis formez une boule et couvrez-la d'un torchon humide. Laissez pousser pendant 2 heures dans un endroit chaud. La pâte doit doubler de volume. Dégazez ensuite la pâte et divisez-la en 2 pâtons. Entrelacez les pâtons puis déposez-les dans le panier tapissé de papier sulfurisé du robot.

4 Préparez la dorure en mélangeant le jaune d'œuf et le lait, puis badigeonnez la brioche de cette préparation à l'aide d'un pinceau. Décorez avec le sucre perle. Laissez pousser de nouveau pendant 45 minutes.

5 Faites cuire 20 minutes à 180 °C.

VOUS POUVEZ RÉALISER DES BRIOCHES INDIVIDUELLES EN DIVISANT LA PÂTE ET EN DIMINUANT DE 5 MINUTES LE TEMPS DE CUISSON.

Apple pie

POUR **6 PERSONNES**
PRÉPARATION : **30 MIN**
CUISSON : **45 À 55 MIN**
RÉFRIGÉRATION : **1 H**

Pour la pâte sablée

- **150 g de beurre demi-sel**
- **230 g de farine**
- **50 g de poudre d'amandes**
- **50 g de sucre glace**
- **30 g de sucre en poudre**
- **2 œufs**

Pour la garniture

- **4 pommes**
- **150 g de cassonade**
- **100 g de beurre**
- **1 poignée de noix**
- **1 cuil. à soupe de Maïzena®**
- **1 cuil. à café de cannelle**

1 Préparez la pâte. Mélangez du bout des doigts le beurre et les sucres jusqu'à ce que le mélange soit homogène. Ajoutez la poudre d'amandes, puis les œufs un à un. Incorporez la farine et travaillez la pâte pour obtenir une boule bien homogène. Réservez 1 heure au frigo.

2 Faites fondre le beurre dans une casserole puis ajoutez la Maïzena®, 6 cl d'eau, la cannelle et la cassonade. Laissez épaissir à feu doux quelques minutes sans cesser de remuer.

3 Pelez les pommes et coupez-les en gros morceaux. Ajoutez-les à la préparation chaude et laissez-les cuire dans le sirop pendant 10 minutes.

4 Étalez la pâte dans un plat tapissé de papier sulfurisé adapté à la taille du robot. Coupez les débords de pâte à conserver. Disposez les morceaux de pommes imbibés et les noix. Recouvrez les pommes avec des lamelles de pâte restante. Nappez avec un tiers du sirop et faites cuire 30 à 40 minutes à 170 °C.

SERVEZ L'APPLE PIE ENCORE TIÈDE AVEC UNE BOULE DE GLACE VANILLE.

Bottereaux

POUR **6 PERSONNES**
PRÉPARATION : **30 MIN**
CUISSON : **5 MIN**
REPOS : **12 H**

- **2 œufs**
- **300 g de farine + un peu pour le plan de travail**
- **50 g de beurre fondu**
- **10 g de levure de boulanger fraîche**
- **60 g sucre en poudre + un peu pour servir**
- **1 cuil. à soupe d'huile neutre**

1 Dans un petit récipient, délayez la levure avec 2 cuillerées à soupe d'eau tiède.

2 Dans un saladier, mettez la farine et le sucre puis ajoutez la levure, le beurre fondu et les œufs et terminez par 7,5 cl d'eau. Pétrissez la pâte pendant 15 minutes à la main ou au robot. Laissez pousser la pâte pendant 12 heures recouverte d'un torchon.

3 Sur un plan de travail fariné, étalez la pâte au rouleau sur 1 cm d'épaisseur et découpez des losanges.

4 Déposez les bottereaux sur la grille légèrement huilée de l'appareil et faites cuire 5 minutes à 200 °C.

5 Saupoudrez de sucre une fois cuits.

VOUS POUVEZ AJOUTER 1 CUILLERÉE À SOUPE DE RHUM DANS LA PÂTE SELON VOTRE GOÛT.

Cake coco et citron vert

POUR **6 PERSONNES**
PRÉPARATION : **15 MIN**
CUISSON : **25 MIN**

- **150 g de sucre en poudre**
- **130 g de coco râpée**
- **125 g de beurre mou + un peu pour les moules**
- **80 g de farine + un peu pour les moules**
- **3 œufs**
- **Le jus et les zestes de 1 citron vert**

1 Battez le beurre mou avec le sucre jusqu'à obtenir un mélange crémeux, puis ajoutez le jus de citron et les zestes et enfin la farine et la coco. Mélangez bien puis incorporez les œufs un à un en mélangeant entre chaque ajout.

2 Versez la préparation dans des moules individuels préalablement huilés et farinés, et déposez-les dans le panier du robot et faites cuire 25 minutes à 170 °C. N'hésitez pas à déplacer les moules en cours de cuisson pour une cuisson plus homogène.

3 Vérifiez la cuisson à l'aide de la pointe d'un couteau, qui doit ressortir sèche.

Attendez que le cake refroidisse avant de le démouler.

Cookie géant

POUR **6 PERSONNES**
PRÉPARATION : **10 MIN**
CUISSON : **18 MIN**
REPOS : **30 MIN**

- **200 g de farine**
- **150 g de vergeoise brune**
- **80 g de pépites de chocolat**
- **100 g de beurre mou**
- **1 œuf**
- **1 cuil. à café d'extrait de vanille**
- **1 cuil. à café de levure chimique**
- **1 pincée de sel**

1 Dans un saladier, fouettez ensemble le beurre mou et la vergeoise jusqu'à ce que le mélange devienne crémeux. Ajoutez l'œuf ainsi que l'extrait de vanille, mélangez puis incorporez la farine, la levure et le sel sans trop travailler la pâte. Ajoutez la moitié des pépites de chocolat.

2 Étalez la pâte et placez-la dans un plat tapissé de papier sulfurisé adapté à la taille du robot.

3 Saupoudrez les pépites de chocolat par-dessus et faites cuire 18 minutes à 180 °C.

4 Attendez que le cookie ait refroidi avant de le démouler.

SI VOUS LE SOUHAITEZ, VOUS POUVEZ AJOUTER DES NOISETTES ET DES PÉPITES DE CHOCOLAT BLANC.

Marbré

POUR **6 PERSONNES**
PRÉPARATION : **20 MIN**
CUISSON : **40 MIN**

- **3 œufs**
- **175 g de farine**
- **200 g de sucre en poudre**
- **100 g d'huile de tournesol**
- **5 cl de lait**
- **50 g de beurre mou**
- **20 g de cacao non sucré**
- **1 sachet de levure**
- **1 cuil. à café d'extrait de vanille**

1 Séparez les blancs des jaunes d'œufs. Blanchissez les jaunes avec le sucre et la vanille, puis ajoutez l'huile et le beurre mou et fouettez énergiquement.

2 Ajoutez ensuite le lait, puis la farine tamisée et la levure et mélangez.

3 Battez les blancs en neige bien ferme et ajoutez-les délicatement à l'aide d'une Maryse (spatule) en soulevant le mélange pour ne pas casser les blancs.

4 Séparez la pâte en deux, ajouter le cacao tamisé dans une des moitiés.

5 Répartissez les pâtes dans un plat tapissé de papier sulfurisé adapté à la taille du robot en alternant les préparations au chocolat et à la vanille. À l'aide d'un couteau enfoncé dans la pâte dessinez des motifs.

6 Faites cuire 40 minutes à 170 °C.

VOUS POUVEZ AUSSI RÉALISER UN MARBRÉ MATCHA-VANILLE EN REMPLAÇANT LE CACAO PAR DU THÉ MATCHA.

Churros

POUR **6 PERSONNES**
PRÉPARATION : **5 MIN**
CUISSON : **15 MIN**
REPOS : **30 MIN**

- **250 g de chocolat**
- **125 g de farine**
- **50 cl de crème liquide**
- **20 g de sucre en poudre**
- **1 pincée de sel**
- **Sucre glace**
- **2 cuil. à soupe d'huile de pépins de raisin**

1 Faites bouillir 25 cl d'eau avec la pincée de sel et le sucre en poudre. Hors du feu, ajoutez la farine en une seule fois. Mélangez avec une cuillère en bois, de manière énergique, jusqu'à obtenir une pâte lisse et homogène. Laissez tiédir à température ambiante.

2 Mettez la pâte à churros dans une poche à douille cannelée et réalisez des boudins de 6 cm de long puis déposez-les dans le panier du robot tapissé de papier sulfurisé.

3 Faites cuire 15 minutes à 190 °C.

4 Faites chauffer la crème. Hachez le chocolat au couteau et versez la crème chaude en trois fois en mélangeant entre chaque ajout.

5 Dégustez les churros saupoudrés de sucre glace ou de ganache chocolat.

POUR OBTENIR UNE GANACHE CHOCOLAT PLUS BRILLANTE, AJOUTEZ 60 G DE BEURRE.

Beignets corses

POUR **6 PERSONNES**
PRÉPARATION : **5 MIN**
CUISSON : 5 **MIN**
PAR FOURNÉE

- **400 g de farine de châtaigne**
- **Sucre glace**
- **1 cuil. à soupe d'huile de noix**

1 Dans un saladier, mettez la farine puis incorporez 50 cl d'eau progressivement.

2 Déposez 1 grosse cuillerée à soupe de pâte par beignet dans le panier du robot légèrement huilé et faites cuire 5 minutes à 200 °C. Répétez l'opération jusqu'à épuisement de la pâte.

3 Saupoudrez de sucre glace les beignets cuits.

LES BEIGNETS SONT DÉLICIEUX CHAUDS, VOUS POUVEZ CHOISIR DE LES GARNIR DE CONFITURE COMME DES CRÊPES SI VOUS PRÉFÉREZ.

Bugnes

POUR **6 PERSONNES**
PRÉPARATION : **20 MIN**
CUISSON : **5 MIN PAR FOURNÉE**
REPOS : **5 H**

- **500 g de farine + un peu pour le plan de travail**
- **125 g de beurre**
- **100 g de sucre en poudre**
- **4 œufs**
- **1 sachet de sucre vanillé**
- **15 cl de crème liquide**
- **2 sachets de levure de boulanger spéciale brioche**
- **3 cuil. à soupe d'eau de fleur d'oranger**
- **1 cuil. à soupe d'huile neutre**
- **1 cuil. à café de sel**
- **Sucre glace pour la décoration**

1 Dans un grand saladier, mélangez la farine avec le sucre et le sucre vanillé. Faites deux puits de part et d'autre du saladier. Dans le premier, versez la levure et dans le second le sel. Cassez les œufs au centre. Faites fondre le beurre, puis laissez-le tiédir et ajoutez-le dans le saladier (il ne doit surtout pas être trop chaud, car il tuerait la levure). Ajoutez ensuite la crème et la fleur d'oranger. Mélangez avec une cuillère en bois jusqu'à l'obtention d'une pâte homogène et collante. Couvrez d'un torchon propre et laissez pousser 4 heures minimum.

2 Dégazez la pâte avec le poing puis façonnez une boule et couvrez de nouveau pendant 1 heure, la pâte va doubler de volume. Étalez la pâte sur un plan de travail fariné puis découpez les bugnes en forme de losange avec un trou au centre.

3 Déposez la première fournée de bugnes dans le panier légèrement huilé du robot, sans qu'ils se chevauchent, et faites cuire 5 minutes à 200 °C. Retournez-les à mi-cuisson. Renouvelez l'opération pour les autres bugnes.

4 Saupoudrez de sucre glace avant de déguster.

POUR QUE LA LEVURE SE DÉVELOPPE BIEN, IL NE FAUT PAS QU'ELLE SOIT EN CONTACT AVEC LE SEL ; C'EST POUR CELA QU'AU DÉBUT DE LA RECETTE IL FAUT METTRE LES DEUX INGRÉDIENTS DE CHAQUE CÔTÉ DU SALADIER.

Empanadas crème citron

POUR **6 PERSONNES**
PRÉPARATION : **30 MIN**
CUISSON : **22 MIN**
RÉFRIGÉRATION : **1 H 30**

- **250 g de farine**
- **170 g de beurre**
- **3 cuil. à soupe de lait**
- **2 cuil. à soupe de sucre roux**
- **1 œuf**

Pour la crème citron

- **250 g de sucre en poudre**
- **100 g de beurre**
- **4 œufs**
- **4 citrons**

1 Mettez la farine, l'œuf, le lait et le sucre dans la cuve d'un robot, mélangez rapidement puis ajoutez le beurre en morceaux. Laissez reposer au frais 30 minutes.

2 Dans une casserole, râpez les zestes des citrons puis pressez les fruits, ajoutez le sucre, les œufs et le beurre coupé en morceaux. Faites cuire au bain-marie jusqu'à ce que le mélange épaississe sans jamais cesser de remuer au fouet. Faites prendre ensuite au froid pendant 1 heure.

3 Étalez la pâte au rouleau puis détaillez des cercles de 6 cm de diamètre. Garnissez la moitié de chaque cercle avec la crème citron, puis rabattez la pâte et soudez-la en appuyant avec une fourchette.

4 Déposez les chaussons sur la grille de l'appareil et faites cuire 12 minutes à 180 °C.

VOUS POUVEZ CONSERVER LE RESTE DE CRÈME CITRON AU RÉFRIGÉRATEUR PENDANT QUELQUES JOURS ET LA CONSOMMER SUR DES TARTINES PAR EXEMPLE.

Chips de pomme et citron

POUR **4 PERSONNES**
PRÉPARATION : **5 MIN**
CUISSON : **20 MIN PAR FOURNÉE**

- **2 pommes**
- **1 citron jaune**
- **1 citron vert**

1 Évidez les pommes et coupez-les en très fines lamelles à l'aide d'une mandoline. Séchez-les bien avec du papier absorbant.

2 Lavez les citrons et coupez-les en fines tranches.

3 Déposez les tranches de pomme et de citron dans le panier du robot tapissé de papier sulfurisé et faites cuire 20 minutes à 180 °C. Répétez l'opération pour le reste des ingrédients.

4 Dégustez ces chips à l'apéritif ou utilisez-les pour décorer vos plats et desserts.

Vous pouvez aussi réaliser des chips aux épices en ajoutant de la cannelle ou de la muscade.

Pets-de-nonne

POUR **4 PERSONNES**
PRÉPARATION : **20 MIN**
CUISSON : **20 MIN ENVIRON**

- **150 g de farine**
- **80 g de sucre en poudre**
- **2 œufs**
- **70 g de beurre**
- **2 cuil. à café de fleur d'oranger**
- **2 cuil. à soupe d'huile neutre**
- **50 g de cassonade pour saupoudrer les pets-de-nonne une fois cuits**

1 Portez à ébullition 10 cl d'eau avec le beurre coupé en morceaux et le sucre.

2 Versez en une seule fois la farine puis mélangez énergiquement avec une cuillère en bois pour faire sécher la pâte sur feu doux.
La pâte doit se décoller des parois.

3 Ajoutez ensuite les œufs un à un en mélangeant bien entre chaque ajout. Incorporez la fleur d'oranger puis mettez la pâte dans une poche à douille.

4 Pochez de petites boules de la taille d'une grosse noix sans qu'elles se touchent dans le panier du robot tapissé de papier sulfurisé et faites cuire 6 à 8 minutes à 200 °C. Répétez l'opération avec le reste de la pâte.

5 Saupoudrez de cassonade les pets-de-nonne cuits.

VOUS POUVEZ AUSSI LES FOURRER DE CRÈME PÂTISSIÈRE OU DE NUTELLA® UNE FOIS CUITS.

Merveilles

POUR **6 PERSONNES**
PRÉPARATION : **5 MIN**
CUISSON : **5 MIN**
PAR FOURNÉE
RÉFRIGÉRATION : **1 H**

- **4 œufs**
- **400 g de farine**
- **100 g de Maïzena®**
- **60 g de sucre en poudre**
- **50 g de beurre fondu**
- **1 sachet de levure chimique**
- **3 cuil. à soupe d'eau de fleur d'oranger**
- **1 cuil. à soupe d'huile neutre**
- **1 cuil. à café de sel**
- **Sucre glace pour la décoration**

1 Dans le bol d'un robot, mettez la farine et la Maïzena® puis ajoutez les œufs, le sucre, la levure, le sel, le beurre fondu et la fleur d'oranger. Pétrissez ensuite la pâte jusqu'à ce qu'elle se décolle des parois et formez une boule. Couvrez-la et laissez reposer au froid pendant 1 heure.

2 Étalez la pâte au rouleau sur une épaisseur de 2 mm et découpez des losanges de 2 x 5 cm avec une roulette dentelée.

3 Disposez une partie des merveilles sur la grille légèrement huilée de l'appareil et faites cuire 5 min à 200 °C. Répétez l'opération pour le reste des merveilles.

4 Saupoudrez-les de sucre glace avant de les déguster.

VOUS POUVEZ AROMATISER LA PÂTE AVEC DE LA VANILLE OU DE LA CANNELLE SELON VOS GOÛTS.

Cigares croustillants à la crème d'amande

POUR **6 PERSONNES**
PRÉPARATION : **15 MIN**
CUISSON : **6 MIN**

- **6 feuilles de brick**
- **125 g de poudre d'amandes**
- **125 g de sucre en poudre**
- **125 g de beurre mou**
- **20 g de beurre fondu**
- **2 œufs**
- **1 cuil. à café d'extrait d'amande amère**

1 Dans un bol, mélangez au batteur électrique le beurre mou et le sucre. Quand le mélange est homogène et crémeux, ajoutez les œufs et battez de nouveau. Terminez en ajoutant la poudre d'amandes et l'extrait.

2 Badigeonnez au pinceau un peu de beurre fondu sur les feuilles de brick puis déposez 1 cuillerée de garniture au centre, rabattez les côtés puis roulez la feuille pour former le cigare.

3 Déposez les cigares sur la grille de l'appareil et faites cuire 6 minutes à 180 °C.

VOUS POUVEZ AJOUTER SUR LE DESSUS DES AMANDES EFFILÉES ET UN PEU DE SUCRE GLACE AU MOMENT DE SERVIR.

Tropézienne

POUR **6 PERSONNES**
PRÉPARATION : **40 MIN**
CUISSON : **35 À 40 MIN**
REPOS : **13 H 30**

Pour la pâte

- **250 g de farine**
- **100 g de lait**
- **75 g de beurre pommade**
- **40 g de sucre en poudre**
- **2 jaunes d'œufs**
- **15 g de levure de boulanger fraîche**
- **1 cuil. à soupe de sucre perlé**
- **1 cuil. à café rase de sel**

Pour la crème diplomate

- **200 g de lait**
- **2 jaunes d'œufs**
- **80 g de crème fleurette froide**
- **50 g de sucre en poudre**
- **20 g de farine**
- **20 g de beurre**
- **1,5 feuille de gélatine**
- **Sucre glace pour le décor**

1 Dans le bol d'un robot, diluez la levure avec un peu de lait tiède puis ajoutez la farine, le lait restant, 1 jaune d'œuf, le sucre en poudre et le sel et pétrissez pendant 5 minutes. Ajoutez ensuite le beurre en trois fois et pétrissez de nouveau pendant 10 minutes. Couvrez le bol d'un torchon et laissez reposer 1 h 30.

2 Divisez la pâte en pâtons et disposez-les dans le panier du robot tapissé de papier sulfurisé. Laissez pousser pendant 12 heures.

3 Au pinceau, dorez les brioches avec le jaune d'œuf restant battu, ajoutez le sucre perlé et faites cuire 20 à 25 minutes à 180 °C en surveillant la coloration. Démoulez et laissez refroidir sur une grille.

4 Réalisez la crème diplomate. Mettez la gélatine à ramollir dans de l'eau froide. Portez le lait à ébullition. Battez les jaunes avec le sucre. Incorporez la farine puis le lait bouillant sans cesser de battre. Versez le tout dans la casserole et faites cuire à feu doux sans cesser de remuer jusqu'à épaississement. Hors du feu, incorporez la gélatine égouttée puis le beurre froid coupé en petits dés. Réservez et laissez refroidir. Quand la crème pâtissière a entièrement refroidi, travaillez-la à l'aide d'un fouet. Montez la crème fleurette en chantilly et incorporez-la au reste de la préparation.

5 Coupez la brioche en 2 disques et garnissez la partie du bas de crème diplomate. Remettez le dessus de la brioche et saupoudrez de sucre glace. Réservez au frais jusqu'à dégustation.

POUR ÊTRE SÛR DE RÉUSSIR LA CHANTILLY IL FAUT UTILISER DE LA CRÈME LIQUIDE 30 % DE MATIÈRES GRASSES ET METTRE LE BOL ET LE FOUET AU CONGÉLATEUR 10 MINUTES AVANT DE LES UTILISER.

Gros beignet garni

POUR **6 PERSONNES**
PRÉPARATION : **15 MIN**
CUISSON : **20 À 25 MIN**
REPOS : **1 H 40**

- **225 g de farine + un peu pour le plan de travail**
- **10 cl de lait**
- **1 œuf**
- **40 g de beurre**
- **30 g de sucre en poudre**
- **½ sachet de levure de boulanger**
- **4 cuil. à soupe de pâte à tartiner**
- **2 cuil. à café d'extrait de vanille**
- **1 pincée de sel**
- **Sucre glace**

1 Faites tiédir la moitié du lait puis ajoutez la levure et 1 cuillerée à café de sucre et laissez reposer 10 minutes.

2 Ajoutez ensuite le restant du lait, l'extrait de vanille et le sucre, puis l'œuf, le sel et le beurre fondu. Incorporez la farine progressivement jusqu'à obtenir une pâte bien souple. Laissez pousser la pâte pendant 1 heure sous un linge humide.

3 Sur le plan de travail fariné, façonnez un boudin avec la pâte. Tapissez le panier du robot de papier sulfurisé, déposez-y la pâte puis laissez pousser de nouveau 30 minutes.

4 Faites cuire 20 à 25 minutes à 180 °C.

5 Démoulez et laissez refroidir avant de couper le beignet en deux.

6 Garnissez de pâte à tartiner et saupoudrez de sucre glace.

VOUS POUVEZ GARNIR AUSSI AVEC DE LA COMPOTE DE POMMES OU DE LA CRÈME PÂTISSIÈRE.

Coulant chocolat

POUR **6 PERSONNES**
PRÉPARATION : **10 MIN**
CUISSON : **20 MIN**

- **4 œufs**
- **180 g de chocolat noir**
- **125 g de sucre en poudre**
- **100 g de poudre de noisettes**
- **70 g de beurre + un peu pour les moules**
- **40 g de farine + un peu pour les moules**
- **6 carrés de chocolat**
- **2 cuil. à soupe de compote de pommes**

1 Au batteur électrique, battez les œufs et le sucre jusqu'à ce que le mélange blanchisse, puis ajoutez la farine et la poudre de noisettes et pour finir la compote de pommes.

2 Faites fondre le chocolat avec le beurre au bain-marie puis ajoutez-les au mélange précédent.

3 Versez la préparation dans 6 petits moules individuels beurrés et farinés ou dans des caissettes à muffins, puis placez au centre de chacun 1 carré de chocolat.

4 Disposez les moules dans le panier du robot et faites cuire 15 minutes à 180 °C.

VOUS POUVEZ REMPLACER LE CARRÉ DE CHOCOLAT PAR UN DEMI-CARAMEL.

Cakes au citron et aux framboises

POUR **6 PERSONNES**
PRÉPARATION : **15 MIN**
CUISSON : **20 MIN**

- **4 œufs entiers**
- **200 g de farine + un peu pour les moules**
- **200 g de beurre mou + un peu pour les moules**
- **180 g de sucre en poudre**
- **1 citron jaune**
- **100 g de framboises fraîches**
- **1 cuil. à soupe de sucre glace**
- **2 cuil. à soupe de graines de pavot**
- **1 sachet de levure chimique**

1 Mélangez au fouet le beurre mou et le sucre en poudre jusqu'à obtenir une crème mousseuse. Ajoutez les œufs, le zeste du citron et le jus d'un demi-citron. Incorporez la farine et la levure, mélangez puis ajoutez les graines de pavot.

2 Beurrez et farinez des moules à cake individuels et versez-y la préparation. Ajoutez ensuite les framboises en les enfonçant dans la pâte.

3 Placez les moules dans le panier du robot et faites cuire 20 minutes à 180 °C.

4 Saupoudrez de sucre glace.

VOUS POUVEZ AUSSI AJOUTER 2 CUILLERÉES À SOUPE DE NOIX DE COCO RÂPÉE À LA PLACE DU PAVOT.

Donuts

POUR **6 PERSONNES**
PRÉPARATION : **15 MIN**
CUISSON : **8 MIN**
REPOS : **1 H 4**

- **1 œuf**
- **225 g de farine + un peu pour le plan de travail**
- **10 cl de lait**
- **40 g de beurre fondu**
- **30 g de sucre en poudre**
- **2 cuil. à café d'extrait de vanille**
- **½ sachet de levure de boulanger**
- **1 pincée de sel**
- **Sucre glace**

1 Faites tiédir la moitié du lait puis ajoutez la levure et 1 cuillerée à café de sucre et laissez reposer 10 minutes.

2 Ajoutez le restant du lait, l'extrait de vanille et le sucre restant, puis l'œuf, le sel et le beurre fondu. Incorporez la farine progressivement jusqu'à obtenir une pâte bien souple. Laissez pousser la pâte pendant 1 heure sous un linge humide.

3 Sur le plan de travail fariné, façonnez un boudin avec la pâte et coupez des tronçons de taille égale. Refermez ensuite chaque boudin pour obtenir la forme ronde du donut. Laissez de nouveau pousser pendant 30 minutes.

4 Déposez les donuts sur la grille légèrement huilée de l'appareil et faites cuire 8 minutes à 180 °C.

5 Saupoudrez les donuts de sucre glace après cuisson.

Vous pouvez aussi réaliser un glaçage avec du chocolat fondu et tremper les donuts dedans une fois cuits.

Petits pains au beurre

POUR **6 PERSONNES**
PRÉPARATION : **15 MIN**
CUISSON : **20 MIN**
REPOS : **1 H**

- **1 œuf + 1 jaune**
- **500 g de farine**
- **125 g de beurre demi-sel**
- **10 cl de lait**
- **1 cuil. à café de cannelle en poudre**
- **1 cuil. à café de sel**
- **1 cuil. à café de sucre en poudre**
- **1 sachet de levure de boulanger**

1 Dans le bol d'un robot, mélangez la farine avec la levure de boulanger, le sel, la cannelle et le sucre.

2 Faites tiédir 10 cl d'eau et le lait et ajoutez le beurre coupé en petits morceaux. Versez sur la farine le mélange eau-lait-beurre et ajoutez l'œuf préalablement battu.

3 Pétrissez pendant 5 minutes puis laissez reposer la pâte recouverte d'un linge propre pendant 1 heure.

4 Façonnez de petits pains individuels et dorez-les à l'aide d'un pinceau avec du jaune d'œuf.

5 Déposez-les dans le panier du robot et faites cuire pendant 30 minutes à 180 °C. Couvrez d'un papier aluminium si les petits pains dorent trop.

6 Dégustez froid.

POUR FACILITER LA POUSSE DE LA PÂTE METTEZ-LA À POUSSER À PROXIMITÉ D'UNE SOURCE DE CHALEUR.

Granola chocolat

POUR **6 PERSONNES**
PRÉPARATION : **5 MIN**
CUISSON : **8 À 12 MIN**

- **180 g de flocons d'avoine**
- **150 g de chocolat noir à pâtisserie**
- **110 g de miel**
- **50 g de cacao en poudre amer**
- **50 g de cassonade**
- **50 g d'amandes concassées**
- **4 cuil. à soupe d'huile de coco fondue**

1 Dans un bol, mélangez l'huile de coco fondue avec le cacao et la cassonade puis ajoutez le miel et mélangez. Ajoutez ensuite les flocons d'avoine et les amandes concassées.

2 Étalez le mélange dans le panier du robot tapissé de papier sulfurisé.

3 Faites cuire 8 à 12 minutes à 170 °C en mélangeant à mi-cuisson.

4 Une fois le granola cuit, ajoutez la moitié du chocolat à pâtisserie coupé au couteau en petits morceaux et laissez refroidir.

5 Ajoutez le reste du chocolat sur le granola froid.

VOUS POUVEZ AJOUTER DU CHOCOLAT AU LAIT OU BLANC ET DES NOIX.

Gâteau de Savoie

POUR **6 PERSONNES**
PRÉPARATION : **15 MIN**
CUISSON : **30 MIN**

- **4 œufs**
- **120 g de cassonade**
- **60 g de Maïzena®**
- **40 g de farine**
- **15 noisettes concassées**
- **Sucre glace**
- **Quelques noisettes pour la décoration**

1 Séparez les blancs des jaunes d'œufs. Battez les blancs en neige ferme, puis ajoutez la cassonade en trois fois en continuant à battre. Incorporez ensuite les jaunes délicatement puis la farine et la Maïzena®. Ajoutez pour finir les noisettes concassées.

2 Tapissez le panier du robot de papier sulfurisé, versez-y la préparation et faites cuire 30 minutes à 180 °C.

3 Démoulez et saupoudrez de sucre glace. Décorez avec des noisettes.

Vous pouvez couper le gâteau en deux et le garnir de confiture de fruits rouges.

Tatin de poire

POUR **6 PERSONNES**
PRÉPARATION : **10 MIN**
CUISSON : **35 MIN**
REPOS : **15 MIN**

- **1 pâte brisée**
- **5 poires**
- **1 gousse de vanille grattée**
- **5 cuil. à soupe de cassonade**
- **30 g de beurre demi-sel**

1 Pelez les poires, coupez-les en deux et épépinez-les.

2 Disposez les poires dans un plat adapté au robot tapissé de papier sulfurisé. Ajoutez le beurre coupé en dés et les graines de vanille puis saupoudrez de cassonade.

3 Faites cuire 15 minutes à 180 °C.

4 Ajoutez ensuite la pâte en faisant un trou au centre et poursuivez la cuisson pendant 20 minutes à 180 °C.

5 Attendez que la tarte soit tiède pour la démouler.

METTEZ AU CENTRE DE LA TARTE UN PETIT POT AVEC DE LA CRÈME FRAÎCHE ÉPAISSE POUR DÉGUSTER.

Palmiers

POUR **4 PERSONNES**
PRÉPARATION : **10 MIN**
CUISSON : **20 MIN**

- **1 pâte feuilletée (du boulanger, c'est mieux)**
- **6 cuil. à soupe de cassonade**
- **2 cuil. à soupe de pistaches concassées**

1 Déroulez la pâte feuilletée puis parsemez-la de cassonade des deux côtés. Ajoutez ensuite les pistaches concassées et roulez la pâte d'un côté jusqu'au centre puis faites la même chose de l'autre côté.

2 Détaillez ensuite des tranches de 1 cm d'épaisseur.

3 Placez une feuille de papier sulfurisé dans le panier du robot puis déposez les palmiers.

4 Faites cuire 20 minutes à 180 °C.

VOUS POUVEZ AUSSI RÉALISER DES PALMIERS AVEC DES ÉCLATS DE NOISETTES ET DU MIEL.

Beignets aux pommes

POUR **6 PERSONNES**
PRÉPARATION : **10 MIN**
CUISSON : **15 MIN**

- **2 pommes Pink Lady®**
- **125 g de farine**
- **12 cl de lait**
- **1 œuf**
- **2 sachets de sucre vanillé**
- **1 cuil. à soupe d'huile neutre**
- **1 cuil. à café de cannelle en poudre**
- **3 cuil. à soupe de sucre en poudre**

1 Pelez les pommes et évidez-les puis coupez-les en lamelles de 2 cm d'épaisseur.

2 Dans un saladier, mélangez la farine, l'œuf, le sucre vanillé et la cannelle puis ajoutez progressivement le lait.

3 Trempez les tranches de pomme dans la pâte.

4 Déposez les rondelles de pomme sur la grille légèrement huilée de l'appareil et faites cuire 12 minutes à 200 °C, puis retournez les pommes et poursuivez la cuisson pendant 3 minutes à 200 °C.

5 Saupoudrez de sucre et dégustez chaud.

VOUS POUVEZ AJOUTER 1 CUILLERÉE À SOUPE DE RHUM SI VOUS LE SOUHAITEZ.

Cannoli siciliens

POUR **6 PERSONNES**
PRÉPARATION : **30 MIN**
CUISSON : **6 MIN**
RÉFRIGÉRATION : **1 H**

- **2 œufs**
- **250 g de farine**
- **50 g de beurre**
- **40 g de sucre glace**
- **1 cuil. à café de cacao en poudre**
- **1 cuil. à café de cannelle en poudre**

Pour la garniture

- **250 g de ricotta**
- **80 g de sucre glace + un peu pour la décoration**
- **40 g de pépites de chocolat + un peu pour la décoration**
- **1 gousse de vanille**
- **1 cuil. à soupe d'huile neutre**

1 Dans le bol d'un robot, battez tous les ingrédients afin d'obtenir une pâte bien lisse et homogène. Réservez au frais pendant 1 heure.

2 Étalez la pâte à l'aide d'un rouleau à pâtisserie sur une épaisseur d'environ 2 mm puis découpez à l'emporte-pièce des cercles de 6 cm de diamètre. Beurrez des tubes en Inox et enroulez dessus les cercles de pâte en collant les extrémités avec un peu d'eau.

3 Déposez les rouleaux de pâte sur la grille légèrement huilée de l'appareil et faites cuire 6 minutes à 200 °C. Ils doivent être bien dorés. Retirez les rouleaux en Inox et laissez refroidir.

4 Préparez la garniture en mélangeant la ricotta et le sucre glace au fouet puis ajoutez la gousse de vanille grattée et les pépites de chocolat.

5 Mettez cette crème dans une poche à douille et garnissez chaque rouleau. Puis ajoutez des pépites de chocolat aux extrémités. Saupoudrez de sucre glace pour terminer.

VOUS POUVEZ AJOUTER DANS LA CRÈME LE ZESTE DE 1 CITRON VERT.

Beignets ricotta

POUR **6 PERSONNES**
PRÉPARATION : **15 MIN**
CUISSON : **7 MIN**

- **250 g de ricotta**
- **180 g de farine**
- **2 œufs**
- **80 g de sucre glace**
- **Les zestes de 1 citron**
- **3 cuil. à soupe d'eau de fleur d'oranger**
- **2 cuil. à soupe de sucre en poudre**
- **2 cuil. à café de levure chimique**
- **1 cuil. à soupe d'huile neutre**

1 Dans un saladier, mélangez la ricotta, le sucre glace, les zestes de citron et la fleur d'oranger. Puis ajoutez les œufs, la farine et la levure.

2 Façonnez ensuite de petites boules de la taille d'une noix avec les mains, ajoutez un peu de farine si la pâte est trop collante.

3 Déposez les petites boules de pâte dans le panier légèrement huilé du robot et faites cuire 5 minutes à 200 °C. Secouez le panier et poursuivez la cuisson pendant 2 minutes.

4 Saupoudrez de sucre en poudre une fois les beignets cuits et servez chaud.

Pour faciliter le façonnage des beignets mouillez vos mains, la pâte collera moins.

Mini-fondants aux pommes caramel

POUR **6 PERSONNES**
PRÉPARATION : **20 MIN**
CUISSON : **20 MIN**

- **1 pomme**
- **2 œufs**
- **1 yaourt nature**
- **60 g de farine + un peu pour les moules**
- **30 g de miel**
- **1 cuil. à café de levure**

Pour le caramel

- **40 g de sucre en poudre**
- **40 g de beurre demi-sel + un peu pour les moules**
- **10 cl de crème liquide**

1 Battez les œufs et le yaourt puis ajoutez la farine, la levure et le miel.

2 Pelez et coupez la pomme en petits dés.

3 Faites fondre le sucre et laissez-le brunir puis, hors du feu, ajoutez le beurre coupé en morceaux et la crème liquide.

4 Dans de petits moules beurrés et farinés ou dans des caissettes à muffins, versez la préparation jusqu'à la moitié des moules, puis ajoutez 1 cuillerée à soupe de caramel.

5 Déposez les moules dans le panier du robot et faites cuire 20 minutes à 180 °C.

SERVEZ AVEC 1 BOULE DE GLACE OU 1 CUILLERÉE DE CRÈME FRAÎCHE ÉPAISSE.

Croquettes poire-chocolat

POUR **4 PERSONNES**
PRÉPARATION : **20 MIN**
CUISSON : **5 MIN**
RÉFRIGÉRATION : **6 H**

- **1 poire Williams**
- **200 g de chocolat noir**
- **100 g de crème liquide entière**
- **½ cuil. à soupe d'huile de friture**

Pour la panure

- **50 g de pralin**
- **50 g de poudre de noisettes**
- **1 cuil. à soupe de poudre de cacao**
- **2 œufs battus**
- **Sucre glace pour la décoration**

1 Faites chauffer la crème puis versez-la sur le chocolat haché au couteau. Mélangez avec une spatule pour obtenir une texture bien lisse et brillante. Pelez la poire et coupez-la en petits dés puis ajoutez-les dans la ganache. Laissez prendre au frais 4 heures minimum.

2 Formez des boulettes avec la ganache aux poires.

3 Dans un petit bol, mettez la poudre de noisettes, dans un deuxième bol, les œufs battus et dans un troisième le pralin et le cacao mélangés.

Roulez les boules dans la poudre de noisettes puis passez-les dans les œufs battus et enfin dans le pralin-cacao. Remettez au réfrigérateur pour 2 heures ou au congélateur pour 1 heure.

4 Déposez les croquettes choco-poire dans le panier du robot tapissé de papier sulfurisé et faites cuire 5 minutes à 190 °C.

VOUS POUVEZ AJOUTER POUR PLUS DE CROUSTILLANT DES NOISETTES CONCASSÉES DANS LA GANACHE.

Pancakes japonais

POUR **6 PERSONNES**
PRÉPARATION : **15 MIN**
CUISSON : **13 À 15 MIN**

- **2 œufs**
- **150 g de farine**
- **120 g de lait**
- **40 g de sucre glace**
- **40 g de fromage blanc**
- **40 g de beurre fondu**
- **8 g de levure chimique**
- **1 cuil. à café d'extrait de vanille**
- **1 pincée de sel**

1 Séparez les blancs des jaunes d'œufs. Dans un saladier, blanchissez les jaunes avec le sucre glace. Ajoutez le lait, le fromage blanc, le beurre fondu et la vanille et mélangez bien le tout. Ajoutez en une fois la farine tamisée ainsi que la levure.

2 Montez les blancs en neige ferme avec 1 pincée de sel.

3 Incorporez délicatement les blancs en neige à la pâte.

4 Versez la pâte à pancake dans des caissettes individuelles à muffins, déposez-les dans le panier du robot et faites cuire 13 à 15 minutes à 180 °C.

5 Démoulez les pancakes après cuisson.

SERVEZ CES PANCAKES MOELLEUX AVEC DU CHOCOLAT FONDU OU DU SIROP D'ÉRABLE.

Gâteau de semoule et lait de coco

POUR **6 PERSONNES**
PRÉPARATION : **15 MIN**
CUISSON : **30 À 35 MIN**
REPOS : **1 H**

- **1 l de lait de coco**
- **125 g de semoule fine**
- **80 g de sucre en poudre**
- **2 œufs**
- **1 sachet de sucre vanillé**

1 Dans un saladier, battez les œufs et le sucre en poudre jusqu'à ce que le mélange soit bien mousseux.

2 Portez à ébullition dans une casserole le lait de coco puis ajoutez la semoule et le sucre vanillé. Laissez cuire 5 minutes en remuant constamment. Hors du feu, ajoutez le mélange œuf-sucre.

3 Versez la préparation dans un moule tapissé de papier sulfurisé adapté à l'appareil et faites cuire 25 à 30 minutes à 180 °C.

4 Attendez que le gâteau soit complètement refroidi avant de le démouler.

VOUS POUVEZ METTRE AU CENTRE DU GÂTEAU DU CARAMEL AU BEURRE SALÉ POUR PLUS DE GOURMANDISE.

Ananas rôti

POUR **4 PERSONNES**
PRÉPARATION : **5 MIN**
CUISSON : **30 MIN**

- **1 ananas**
- **Le jus de 1 citron vert**
- **2 cuil. à soupe de miel**
- **1 cuil. à café de cannelle**
- **1 sachet de sucre vanillé**

1 Pelez l'ananas et enlevez le cœur. Découpez le fruit en rondelles.

2 Déposez les rondelles dans le panier du robot tapissé de papier sulfurisé puis arrosez de jus de citron et de miel.

3 Saupoudrez de cannelle et de sucre vanillé puis faites cuire 30 minutes à 165 °C.

UNE FOIS CUITES, VOUS POUVEZ FLAMBER LES TRANCHES D'ANANAS AVEC DU RHUM.

Beignets alsaciens « shenkele »

POUR **6 PERSONNES**
PRÉPARATION : **20 MIN**
CUISSON : **7 MIN**
RÉFRIGÉRATION : **1 H**

- **4 œufs**
- **350 g de farine + un peu pour la cuisson**
- **200 g de sucre en poudre + 3 cuil. à soupe pour l'enrobage**
- **125 g de poudre d'amandes**
- **100 g de beurre mou**
- **2 cuil. à soupe d'eau de fleur d'oranger**
- **1 cuil. à café de cannelle en poudre**
- **1 cuil. à soupe d'huile de friture**

1 Battez les œufs et le sucre jusqu'à ce qu'ils soient mousseux puis ajoutez le beurre mou et l'eau de fleur d'oranger. Incorporez la poudre d'amandes et la farine. Couvrez avec un film alimentaire et laissez reposer la préparation 1 heure au frais.

2 Façonnez avec les mains de petits boudins de l'épaisseur d'un doigt d'environ 5 cm de long, puis roulez-les dans la farine.

3 Déposez les beignets dans le panier du robot légèrement huilé. Faites cuire 5 minutes à 200 °C, secouez le panier puis poursuivez la cuisson pendant 2 minutes.

4 Mélangez le sucre avec la cannelle et saupoudrez-en les beignets encore chauds.

Vous pouvez aussi enrober les beignets de cacao en poudre et de cassonade.

Chaussons aux fruits rouges

POUR **6 PERSONNES**
PRÉPARATION : **10 MIN**
CUISSON : **11 MIN**

- **6 feuilles de brick**
- **250 g de fraises**
- **250 g de framboises**
- **1 poignée de groseilles**
- **60 g de sucre en poudre**
- **20 g de beurre fondu**

1 Lavez et équeutez les fraises. Rincez les framboises. Dans une poêle, réalisez un caramel à sec en mettant le sucre et en le laissant fondre jusqu'à coloration ambrée puis ajoutez les fruits. Laissez compoter pendant 5 minutes.

2 Au pinceau, beurrez les feuilles de brick puis garnissez-les de compotée de fruits et fermez-les en repliant la feuille.

3 Déposez les chaussons sur la grille de l'appareil et faites cuire 6 minutes à 180 ° C.

4 Dégustez tiède.

SI LES FRUITS ONT RENDU TROP DE JUS, ÉGOUTTEZ-LES DANS UNE PETITE PASSOIRE POUR NE PAS DÉTREMPER LA FEUILLE DE BRICK QUI PERDRAIT SON CROQUANT.

Banana bread

POUR **6 PERSONNES**
PRÉPARATION : **15 MIN**
CUISSON : **30 MIN**

- **3 bananes très mûres + 1 pour le dessus du gâteau**
- **300 g de farine**
- **150 g de beurre mou**
- **150 g de miel**
- **150 g de chocolat noir haché au couteau**
- **15 cl de lait d'amande**
- **2 œufs**
- **1 sachet de levure chimique**
- **½ cuil. à café de sel**

1 Dans un saladier, mélangez au batteur électrique le beurre mou avec le miel, puis ajoutez les œufs, le lait, la farine, le sel et la levure en continuant à battre.

2 Écrasez à la fourchette les bananes et ajoutez-les à la préparation. Ajoutez ensuite le chocolat haché au couteau grossièrement.

3 Tapissez le panier du robot de papier sulfurisé et versez-y la préparation.

4 Disposez sur le dessus la banane restante coupée en deux dans la longueur et faites cuire 30 minutes à 180 °C. Vérifiez la cuisson en plantant la lame d'un couteau, elle doit ressortir sèche.

VOUS POUVEZ AJOUTER DES NOIX CONCASSÉES À LA PÂTE.

Index des ingrédients

Table des recettes

Entrées, apéros & finger food

Tartines, pizzas & co

Plats de viande

Plats de poisson

Plats veggies & accompagnements

Plaisirs sucrés

Direction : Didier Férat
Direction éditoriale : Fanny Ecochard-Martin
Édition : Diane Monserat
Relecture : Hugo Gadroy
Graphisme : Chloé Senget
Mise en pages : Sébastien Chenaud
Photogravure : Chromostyle
Fabrication : Laurence Duboscq

92, avenue de France, 75013 Paris
www.lisez.com

ISBN : 978-2-263-18748-3
Code éditeur : L18748/03
Dépôt légal : mai 2024
Imprimé en Espagne par Macrolibros

Bibleasy

MA CUISINE AU AIRFRYER

Bien cuisiner au quotidien avec un budget limité, c'est possible quand on a les bonnes idées.

Et c'est aujourd'hui chose encore plus facile grâce à ces 150 recettes simples et rapides, à réaliser au **AIRFRYER**.

Apéros & finger food, petites entrées, tartines & pizzas, plats de viande, poisson ou légumes, et même gâteaux et beignets sucrés...

Du salé au sucré, il y en aura pour tous les goûts !

La nouvelle bible non officielle pour vos recettes au airfryer !

FRANCE TTC
ISBN : 978-2-263-18748-3
9 782263 187483
SOLAR